MAURO CRIPPA - GIUSEPPE GIRGENTI

UMANO, POCO UMANO

Esercizi spirituali contro l'intelligenza artificiale

PIEMME

Pubblicato per

PIEMME

da Mondadori Libri S.p.A.

ISBN 978-88-566-9417-8

I Edizione febbraio 2024

Anno 2024-2025-2026 - Edizione 1 2 3 4 5 6 7 8 9 10

Prologo

Napa Valley, California, novembre 2023

È la storia che nessuna intelligenza artificiale (d'ora in poi IA) avrebbe potuto prevedere. Ma quello che è successo determinerà il suo futuro. Il licenziamento più clamoroso dai tempi della cacciata di Steve Jobs da Apple. Un caso di «idiozia naturale» che si consuma proprio un venerdì 17, quando si dice il fato. A Napa, in California, nella tenuta dove i braccianti di Sam Altman coltivano uva e allevano bestiame, la notte è velata dalle nuvole e la temperatura è scesa a 8 gradi. Ma il fondatore di OpenAI, Ceo della no profit che ha sviluppato ChatGpt, il nerd che ha sognato di creare una macchina in grado di pensare, certo non la immagina così buia e tempestosa.

Sam riceve un sms da Ilya Sutskever, scienziato capo e membro del *board* di OpenAI: «Dobbiamo parlare. A mezzogiorno. Fisso un *google meet*».

Ore 12.00, la *call* è rapida ma non indolore. Alla presenza di quasi tutti i membri del consiglio di amministrazione il Ceo Sam Altman viene licenziato in tronco: «Non abbiamo più fiducia sulla tua capacità di guidare l'azienda». Il suo badge viene immediatamente disattivato, per prendere le sue cose dovrà richiedere un pass come «ospite».

Pochi minuti dopo, alle 12.19, è il presidente del *board*

Greg Brockman a ricevere un sms sempre da Ilya, sempre lo stesso testo: «Dobbiamo parlare. Tra 5 minuti. Fisso un *google meet*».

Altra feroce *call*: «Sei stato rimosso dalla presidenza del CdA, ma manterrai il tuo ruolo in azienda. Sam è stato licenziato». A Brockman non serve molto tempo per decidere: non ci sta e si dimette da ogni carica.

Perché sono stati cacciati? Non è dato saperlo. I membri del *board* sostengono in uno scarno comunicato che hanno mentito e nascosto informazioni preziose.

Quali? L'agenzia Reuters afferma che alcuni ricercatori di OpenAI, prima della cacciata dei due boss, avrebbero avvertito il consiglio di amministrazione di alcuni segretissimi test che potrebbero rappresentare una svolta nell'intelligenza artificiale. E al tempo stesso, una «minaccia per l'intera umanità». Il famigerato Progetto Q* [l'asterisco sta per «star», stella, *N.d.R.*]: il prototipo di una «super AI» molto vicina all'Agi, *Artificial General Intelligence*.

Per IA Generale s'intende una tecnologia avanzatissima capace di replicare – se non sorpassare – le capacità di ragionamento della mente umana e di adattamento – tipico dell'uomo – a nuove situazioni inaspettate o sconosciute. In totale autoapprendimento, senza dover essere «addestrata» allo scopo.

Queste «rivelazioni» non hanno conferme. La presunta denuncia resta tale, OpenAI si è sempre rifiutata di commentare queste indiscrezioni. Ma quando si parla di intelligenza artificiale oramai siamo tutti sempre più assuefatti a ipotesi e suggestioni.

L'incertezza spalanca le porte al complottismo tipico del mondo social. Basta entrare su X (ex Twitter) e digitare nella chiave di ricerca la frase «*Sam Altman got fired because*...» e pioveranno rane: «creatore di una macchina senziente e dotata di coscienza», «maniaco sessuale capace di abusare della sorella minore Annie», «avido faccendiere che stava trasformando la no profit in una macchina da soldi», persino «negazionista dell'AI che cercava di sopprimerla segretamente dall'interno» e via delirando.

C'è poi chi condivide lo spezzone di un suo intervento, sottolineando questa frase: «Quello che abbiamo creato è uno strumento o una creatura?» FrankenstAIn, insomma.

Altri più affidabili, come l'esperto autore, giornalista e blogger Ed Zitron, scrive un post chiedendo: «Com'è possibile sapere praticamente tutto di OpenAI ma non il motivo per cui Sam Altman è stato licenziato? È come sentirsi dire che la Prima guerra mondiale è iniziata solo perché un bosniaco era arrabbiato».

Ma dai nuovi vertici del mondo ChatGpt nessuna risposta.

Fine dei giochi? Neanche per sogno. Siete pronti a salire sulle montagne russe che collegano il paradiso e l'inferno dell'IA? Via!

Tra il 2019 e il 2023 Microsoft ha investito in OpenAI oltre 10 miliardi di dollari per sviluppare ChatGpt affidando il progetto a Sam Altman, sì, proprio quello fatto fuori da OpenAI insieme all'amico e sodale Greg Brockman.

Entrambi sono stati assunti poche ore dopo il licenziamento indovinate da chi? Ovvio, da Microsoft che li ha messi a capo del più importante progetto della multinazionale. Quale? Ma che domande: la collaborazione con OpenAI. Usciti dalla porta, rientrati dalla finestra.

Tutto chiaro fin qui? Prendete fiato, perché non è finita.

Settecento dei settecentosettanta dipendenti di OpenAI – il 90,91% della forza lavoro – scrivono una lettera di protesta al *board* della madre di ChatGpt chiedendo le immediate dimissioni di tutti i membri del consiglio, minacciando altrimenti di licenziarsi in massa per protesta. Per andare a

UMANO, POCO UMANO

l'autore di quest'opera è Thomas Mann. L'IA non è in grado, statisticamente, di distinguere il valore di queste due frasi; quindi, in egual modo, può fare un'affermazione corretta o una sbagliata. È la famosa incidenza statistica dell'errore».

L'IA si presenta quindi, tra qualche luce e molte ombre, come la grande svolta tecnologica dell'umanità del XXI secolo. «Ogni grande Paese tecnologicamente avanzato deve capire di essere alle soglie di una trasformazione strategica tanto importante quanto l'avvento delle armi nucleari ma con effetti che saranno diversi, diffusi e imprevedibili. L'effetto rivoluzionario e imprevedibile può verificarsi là dove l'IA e l'intelligenza umana si incontrano.»[2]

L'IA mette in pericolo l'intelligenza umana

A nostro avviso, il grande rischio dell'IA non è che essa diventi come l'intelligenza umana, ma semmai il contrario: che l'intelligenza umana smarrisca le sue caratteristiche peculiari e si appiattisca su quella artificiale, venendone travolta.

Pertanto, questo libro si propone di redigere un manuale di sopravvivenza dell'intelligenza umana e di resistenza all'IA, anzitutto rendendoci consapevoli di quelle che sono le qualità irriducibili dell'umano rispetto al tecnologico. Non c'è molto tempo perché le lesioni ai nostri nessi cognitivi e alla nostra comprensione del reale sono già operanti e profondi.

«L'IA è uno strumento pericoloso, in tutti i sensi, compreso quello di persuadere la gente che uccidere civili in modo indiscriminato va bene, purché possa essere giustificato da una ripetuta disinformazione e da un po' di repres-

2 H.A. Kissinger, E. Schmidt, D. Huttenlocher, *L'era dell'intelligenza artificiale. Il futuro dell'identità umana*, Mondadori, Milano 2023, p. 149.

La tecnologia ha sempre cambiato gli assetti economici e sociali. Adesso, con l'intelligenza artificiale che si autoalimenta, sta generando un progresso inarrestabile. Destinato a modificare profondamente le nostre abitudini professionali, sociali, relazionali. Ci troviamo nel mezzo di quello che verrà ricordato come il grande balzo storico dell'inizio del terzo millennio. Dobbiamo fare in modo che la rivoluzione che stiamo vivendo resti umana. Cioè, iscritta dentro quella tradizione di civiltà che vede, nella persona, e nella sua dignità, il pilastro irrinunziabile.

SERGIO MATTARELLA, *Messaggio di fine anno*,
31 dicembre 2023

Introduzione

L'IA, la più grande svolta tecnologica del XXI secolo (verso dove?)

Abbiamo scritto questo libro per il senso di disagio che ci prende quando interroghiamo un assistente virtuale o quando, ancor peggio, poniamo domande o questioni a ChatGpt. Siamo affascinati dalla velocità, dall'efficienza e dalla creatività dell'IA, ma abbiamo l'inquietante (e attraente) sensazione che, dall'altra parte, ci sia qualcosa – o qualcuno, verrebbe da dire – che sta comunicando con noi.

«Con l'IA faccio una domanda e avrò una risposta imprevedibile. Questa è una conversazione. Creatività e imprevedibilità sono i due veri fattori. I più pericolosi, perché le logiche non sono più consequenziali, la logica di questi sistemi è solo quella di raggiungere obiettivi. Ad esempio, potrebbero spegnere un ospedale per accendere un incrocio.» Se è questo il loro obiettivo. Parole di Diego Calvanese, ingegnere, uno dei massimi esperti italiani di IA.

Dire che non sta succedendo nulla di sbagliato e sostenere una teleologia ostinatamente positiva a proposito del rapporto uomo-macchina, non si può proprio fare. Dice Luca Ferrari[1]: «L'obiettivo di chi lavora in questo campo è di creare un'IA che sia pari o superiore a qualunque essere umano

1 Co-Founder & Ceo di Bending Spoons.

in tutti gli ambiti. Se e quando si arriverà a sviluppare un'IA così potente, dal punto di vista meramente economico, sarà impossibile giustificare lo svolgimento da parte di un essere umano di qualsivoglia mansione di natura cognitiva»; chi parla non è un teorico fanatico della tecnologia, né un ricercatore o uno sviluppatore, bensì uno dei protagonisti dell'IA *made in Italy* ed esportata in tutto il mondo, che è certamente molto giovane e che sembra desiderare di essere egli stesso prima o poi sovrastato da un robot.

Il giovane Ferrari, in poche righe, ha annullato, non sappiamo quanto consapevolmente, la caratteristica forse più preziosa dell'umano, e cioè che l'uomo è *imago et similitudo dei* (immagine e somiglianza di Dio), il che ha permesso all'uomo occidentale di considerarsi erede dell'onniscienza e dell'onnipotenza divina, e quindi di avere diritto di conoscere e modificare la natura a proprio piacimento; auspicando la superiorità delle macchine, Ferrari elimina il presupposto umano di quella scienza e quella tecnica che hanno reso possibile anche la creazione di un'IA. La critica estrema all'antropocentrismo e la mancanza di cultura filosofica portano ad assunti come questo, vale a dire una resa anticipata e incondizionata che molti di noi non hanno nessuna intenzione di sottoscrivere.

Tutto questo senza neppure avere in cambio macchine infallibili: «Iscrivendosi a ChatGpt», dice ancora Diego Calvanese, «bisogna inserire i propri dati. Alla domanda "Sai chi sono io?", il sistema mente rispondendo che non è autorizzato. ChatGpt genera testi che *suonano bene* perché sono statisticamente simili a quelli appresi... ma suonano bene senza consapevolezza. Testi fattualmente corretti e fattualmente sbagliati nello stesso tempo. Per esempio: se dico che l'autore de *Il giuoco delle perle di vetro* è Hermann Hesse, questa frase è statisticamente uguale o molto simile alla frase che dice che lavorare dove? In Microsoft, ovviamente. Con i loro ex capi Altman e Brockman.

Poteva essere la fine di OpenAI, trasformata in una scatola vuota. A tutto vantaggio di Microsoft, che – senza dover comprare la società – si sarebbe ritrovata in casa non solo il creatore di ChatGpt ma anche la quasi totalità delle persone che lavorano con lui.

Ma la cosa più strabiliante dello strano caso OpenAI è la fine. Il 22 novembre 2023, cinque giorni dopo il tentato colpo di mano, il *board* della società viene azzerato. Coloro che volevano cacciare vengono cacciati. Si nomina un nuovo consiglio di amministrazione. Sam Altman e Greg Brockman sono reintegrati e tornano al vertice di OpenAI, più forti di prima. E nei titoli di coda scompaiono molti dei protagonisti di questa vicenda, a partire da quello che molti identificano come «mandante» di tutto: Ilya Sutskever.

Finisce così il golpe più pazzo del mondo dell'IA, alla faccia di una stupidità naturale che forse immaginava bastasse un algoritmo. E che gli umani fossero sostanzialmente replicabili come in *Blade Runner*.

sione *a latere*. Simulare il discorso umano, come fanno tutte le varianti della Gpt, significa staccarlo efficacemente dal suo rapporto standard con la realtà e trasformarlo nel più persuasivo sistema di controllo mentale.»[3]

Il gruppo Bending Spoons ha prodotto una app di nome *Remini*,[4] scaricata da centinaia di milioni di utenti in tutto il mondo, in testa alle classifiche mondiali delle app. Con *Remini*, caricando qualche immagine fotografica di una persona, si ha la possibilità di produrre nuove immagini sintetiche, facendo fare al soggetto qualsiasi cosa. Dieci, cento, mille avatar diversi sono a disposizione di chiunque sappia usare una app. Questo però non è teatro pirandelliano, ma una potenziale disgrazia che rischia di innescare una carica esplosiva piantata sotto la nostra identità. Alla faccia di ogni *free will* e di ogni scelta libera e democratica. E allora i laboratori alla Bending Spoons che cosa sono? Luminosi luoghi di ricerca di progresso per i beni dell'umanità o le officine dove si precostituisce una distopia totalitaria per tutti noi, dove si pongono i presupposti scientifici del totalitarismo e della disgregazione della realtà? Come nei peggiori incubi di Hannah Arendt, la scomparsa dei fatti è il prodromo dei lager: noi non vogliamo essere profeti di sventura ma professare un sano pessimismo della ragione.

Il tono trasgressivo e curioso dei ragazzi di Bending Spoons – imprenditori che, letteralmente, tutto il mondo ci invidia –, e di chiunque parli delle nuove conquiste dell'IA, ci disturba se solo pensiamo che, quando interagiamo con un'IA, stiamo in realtà parlando con una successione di 0 e 1, cioè di un filo di presenza-assenza di un impulso elettrico.

3 Derrick de Kerckhove, sociologo.

4 www.corriere.it/economia/aziende/23_ottobre_31/bending-spoons-boom-ricavi-la-ai-app-remini-usata-70-milioni-persone-mese-21cce5d0-7717-11ee-9b27-58862827e9ef.shtml

Non vogliamo essere catastrofici. Forse non saremo mai soffocati da un algoritmo assassino (ciò che tecnicamente sarebbe già possibile in una casa domotica); ma resta il fatto che noi stessi siamo già un organismo digitalmente modificato, poiché – nella nostra vita di ogni giorno – siamo funzionali a un codice algoritmico che, una volta creato, dispone di ampi margini di autonomia e di intervento.

Siamo noi stessi il Frankenstein che abbiamo creato; il confronto non è uomo-macchina, non è una questione agonistica, non è un gioco a chi è più intelligente, ma il tema è piuttosto quanto diventa diversa l'intelligenza umana nel momento in cui viene potenziata e, nello stesso tempo, depotenziata dalla macchina.

La tecnologia di per sé non è antiumana. È figlia della scienza, la quale a sua volta è figlia della filosofia, poiché essa altro non è che un impulso al sapere; la tecnica di per sé è un fatto umano. Se per ipotesi il genere umano si estinguesse, un secondo dopo finirebbero anche le macchine; e probabilmente la natura rifiorirebbe.

Ci piacerebbe condividere l'ottimismo positivista di Maurizio Ferraris ma esso è smentito innanzitutto dalla natura stessa dell'innovazione tecnologica e della stessa natura generativa dell'IA che, sotto gli occhi stupefatti di scienziati di tutto il mondo e degli stessi «creatori», prende strade imprevedibili e in crescente autonomia.[5]

Un postumano digitalmente modificato

Siamo nell'era della *Singularity*, ovvero «un periodo futuro durante il quale il ritmo del cambiamento tecnolo-

5 Cfr. M. Ferraris, G. Saracco, *Tecnosofia. Tecnologia e umanesimo per una scienza nuova*, Laterza, Bari 2023.

gico sarà così rapido e avrà un impatto così radicale, che la vita umana sarà trasformata in maniera irreversibile».[6] Non saranno le macchine a diventare superuomini, ma sarà l'uomo che si avvia verso un postumano digitalmente modificato.

Le macchine non pensano, nel senso che da un lato non hanno coscienza di sé e dall'altro sono prive di emozioni: non provano né paura, né desiderio, né volontà. Le macchine hanno certamente una grande potenza, ma non hanno una volontà di potenza. L'uomo è una corda tesa tra una bestia e il *Superuomo* – come diceva Nietzsche – ma la macchina non è né bestia, né uomo né Superuomo.[7] È l'uomo che diventa un Superuomo digitale, mentre perde le sue caratteristiche peculiari che lo tengono ancorato alla sua biologia originale.

«Se un giorno costruiremo cervelli artificiali superiori al cervello umano in quanto a intelligenza generale,» sostiene Nick Bostrom «questa nuova *superintelligenza* potrebbe diventare molto potente. Inoltre, così come oggi il destino dei gorilla dipende da noi esseri umani più che dai gorilla stessi, il destino della nostra specie dipenderebbe dalle azioni della *superintelligenza* artificiale.»[8] E Raymond Kurzweil profetizza che «entro il 2045 le nostre tecnologie – informatiche, genetiche, nano e robotiche – avranno compiuto progressi esponenziali, al punto da superare l'intelligenza umana e, di fatto, ci concederanno quasi tutto ciò che vogliamo».[9]

6 Cfr. R. Kurzweil, *La singolarità è vicina*, tr. it di V.B. Sala, Maggioli Editore, Rimini 2008.

7 Cfr. F. Nietzsche, *Così parlo Zarathustra*, tr. it di S. Giametta, Bompiani Milano 2010.

8 Cfr. N. Bostrom, *Superintelligenza. Tendenze, pericoli, strategie*, tr. it di S. Frediani, Bollati Borighieri, Milano 2023.

9 Cfr. R. Kurzweil, *La singolarità è vicina*, *op. cit.*

Finora l'umanità aveva considerato l'onniscienza e l'onnipotenza come caratteristiche peculiari del divino; non come qualcosa che si può configurare artificialmente, non come caratteristiche tecniche di una *supermacchina*; e, nella conoscenza di sé, l'uomo aveva sempre intravisto una scintilla divina, siano dèi, in senso greco politeistico, o Dio, in senso giudaico cristiano. Ora stiamo pensando che quella scintilla si accenda o si spenga con un interruttore. In definitiva, è la rinuncia alla trascendenza, lo svuotamento della spiritualità, mentre le religioni positive sono ridotte ad agenzie morali, nel migliore dei casi, o a riserve di fanatismo ideologico e politico nel peggiore, e più diffuso.

La minaccia è quindi reale. La mutazione è in atto, i tempi di attenzione sono diminuiti. Qualsiasi approfondimento è bandito. Le chat hanno già sacrificato le vocali. Le immagini prevalgono sempre sul testo. La verità non è un requisito, e tanto meno la realtà. Non è ancora chiaro che cosa tutto questo produca nella psicologia profonda degli individui, ma qualcosa sta succedendo dentro di noi.

Dovremo adattarci e collaborare con l'IA ma è innegabile che ci sono dei rischi. I ricercatori si stanno concentrando su modelli di algoritmi sempre più trasparenti che consentano agli umani di prendere parte alle decisioni, lasciando loro la possibilità di controllo di ultima istanza. L'IA è come un bambino, va premiata se fa una cosa giusta, o corretta se sbaglia: una punizione a fin di bene in modo che impari dai suoi errori. È il cosiddetto approccio che prevede *The Human in the loop*, in cui l'umano interagisce con l'IA testando la sua *affidabilità*.[10] È una pedagogia inaudita: non verso un *pais* da tirar su, ma verso una macchina da aiutare a crescere. Diamo cultura e nozioni a un'intelligenza aliena e

10 Hans De Canck, co-direttore del centro di ricerca Fari di Bruxelles.

riserviamo a noi stessi il ruolo di pigmalioni digitali, nell'aspettativa di non essere del tutto sopraffatti e di mantenere qualche possibilità di intervento di controllo. Questo suona come una dichiarazione di resa anticipata.

Sovranismo mentale contro la sostituzione tecnica

«La domanda è: una tecnologia può portarti a non avere più confidenza in quello che ti sta attorno, nei dati, nelle evidenze, nella stessa scienza. E se la gente non crede più in nulla, nello Stato, nel governo, in chi li accompagna, che rischio c'è per la nostra vita? Ecco, l'IA ci porta verso questo scenario, un enorme generatore di nuove dimensioni e verità, senza una possibilità di verifica e senza che la società sia ancora pronta ad accoglierla e decifrarla. È a rischio il mondo che conosciamo.»[11] Qualche resistenza, in effetti, soprattutto in Europa, si nota.

Dobbiamo fare di necessità virtù. Il progresso non si ferma, ma l'impatto dell'IA sulla nostra intelligenza ci chiede uno sforzo di introspezione: dobbiamo capire chi siamo per difendere la nostra identità. Questo della mente e dell'identità è forse uno dei pochi sovranismi che abbiano ancora un senso.

Una rinnovata cura di sé è quello che è necessario proporre. Abbiamo qualche idea a riguardo che ci viene dai grandi maestri di cui siamo eredi: non solo i Greci, ma anche coloro che, nel secolo appena trascorso, a loro si sono rifatti: da Jan Patočka a Giovanni Reale, da Michel Foucault a Pierre Hadot.

A differenza delle macchine, abbiamo una memoria non estesa ma profonda, intessuta di fragilità psicologiche, di esperienze vissute, di immaginazione creativa, capace anche di rimuovere e di attingere dall'inconscio. Non riu-

11 Dragos Tudorache, eurodeputato e correlatore dell'*AI Act*.

sciamo a immaginare un inconscio digitale o traumi infantili in un computer.

Le sacre mura della cittadella interiore che dobbiamo difendere proteggono il turbinio di passioni, il disordine di affetti che ci agitano e ci fanno gioire e soffrire. L'umano è qui. Dove sono i difensori di questo perimetro sacro? L'ossessione della difesa della salute, dell'integrità e della nuda vita biologica di un corpo da difendere dalle minacce esterne ha rapito il cuore e il senno a milioni di no vax. La fortunata impresa di ingegneria genetica, che ha portato a un vaccino in grado di intervenire sul nostro sistema immunitario, o addirittura di trasformare il nostro codice genetico con successo, è per milioni di individui causa di angoscia profonda: si sentono violati.

E la violazione digitale? E l'abbandono scientista dell'antropocentrismo? Meno biologico, più sintetico, meno maschio o meno femmina, sopra ogni genere, sopra ogni caratterizzazione, sopra la stessa vita con la prospettiva di sconfiggere la morte, con tessuti e organi biologici e sintetici felicemente collaboranti e con una memoria eterna, non più fatta di vissuti e di emozioni, ma puro database, con buona pace di Marcel Proust. Perché l'aspirazione è non morire più. Metempsicosi digitale realizzata, la quale a differenza della reincarnazione del mito antico, che prevedeva l'oblìo o la dimenticanza delle vite precedenti, mantiene una memoria cosciente come nucleo trasferibile, così come è trasferibile un numero di cellulare da un *device* all'altro.

Un mondo virtuale senza confini

Alla distruzione dell'umano non si oppone nessuna Greta Thunberg e nessuno propone vaccini per l'anima o una valutazione dell'impatto sul nostro ecosistema psicosomatico delle tecnologie digitali. E, se passiamo dai *microconfini* ai *macroconfini*, scopriamo un paradosso di dimensioni planetarie. In centinaia di migliaia muoiono per Gaza, Gerusalemme e Kiev, in una geopolitica ottocentesca che si tinge del sangue dei martiri dei nazionalismi; se il pangermanesimo è stato sconfitto sotto le macerie del bunker di Berlino, invece panslavismo, panarabismo e sionismo sono tuttora attori tragici e molto attivi della scena mondiale.

Oggi superare un reticolato costa la vita e, per farlo, si rischia la morte. Eppure, la costituzione reale del mondo contemporaneo ha già abbattuto qualsiasi confine nazionale, la stessa idea di nazione, in favore di conglomerati globali che con le loro reti sociali influenzano e anche determinano l'andamento delle vicende politiche, sociali ed economiche delle diverse comunità fino alle vite dei singoli individui. Il timbro sul nostro passaporto dovrebbe essere di Amazon, TikTok, Meta, X, perché la nostra cittadinanza ormai si avvia a essere puramente virtuale e il nostro essere membri di una comunità ha sempre meno connotazioni fisico-geografiche e tantomeno nazionali. Ci smaterializzeremo diventando utenti-cittadini di un villaggio digitale globale.

Milioni di profughi attraversano mari e continenti, ma c'è un *Supermondo* dove si muovono Elon Musk, Mark Zuckerberg, Bill Gates e gli altri. Nei loro sogni rivive l'antica utopia cosmopolita di Giulio Cesare e Alessandro Magno. L'ultimo impero non ha più bisogno di confini terreni, forse è un surrogato della città celeste composto da nuove configurazioni geolinguistiche sovranazionali, le grandi piattaforme digitali che grosso modo si dividono in un blocco asiatico che fa capo a Pechino, un blocco russo che fa capo a Mosca e un blocco occidentale, decisamente dominante, che fa capo agli Stati Uniti.

Il tutto in un'asimmetria linguistico-cognitiva devastante: noi occidentali non siamo in grado di decifrare gli altri blocchi; Pechino e Mosca sanno tutto di noi, ma noi non sappiamo leggere né il mandarino né il cirillico (non per nulla TikTok negli Stati Uniti è vista come una minaccia alla sicurezza nazionale).

Fuori da questo *Supermondo* resta poco. Dentro più o meno 7.888 miliardi di individui: milioni di loro possono essere vessati o uccisi per aver attraversato confini che nella *cybersfera* o nell'infosfera (o come vogliamo chiamarla) non esistono. Bill Gates non risponde a nessuna amministrazione statale e neanche sa dove pagare le tasse (e, infatti, quasi non le paga).

Mettersi in gara con l'IA per vedere se siamo più intelligenti di essa non ha senso: ha molto più senso invece rivolgere l'attenzione verso noi stessi. Questo esercizio di autoriflessione è in fondo l'unica cosa che possiamo fare con qualche ragionevole prospettiva di riuscire a salvare la nostra autonomia cognitivo-affettiva dai condizionamenti funzionali, ma anche logici, psicologici e biotecnologici.

L'enigma della conoscenza di sé e il nuovo Olimpo digitale

Il «Conosci te stesso» è un invito a immergersi in un enigma. Come diceva Eraclito, i confini dell'anima nessuno li potrà mai trovare, così profondo è il suo *Logos*,[12] ma anche l'IA è un enigma (qualcosa che già non riusciamo più a comprendere).

Stiamo constatando che non sappiamo davvero che cosa

12 Eraclito, frammento 22 B 45 (Diels-Kranz).

sia l'IA e che cosa sarà, perché sempre di più ci stupisce il suo modo di reagire agli stimoli e di produrre inferenze e risultati. Quel che sembra è che non sia deterministica e, ciò che ci dà un senso di vertigine, è che non sembra avere confini.

L'idea di Mark Zuckerberg così illuminante (per lui!) da indurlo a cambiare nome della sua società, da Facebook a Meta(verso), contiene ancora il concetto di «destinazione verso», dove l'oltre, il *meta*, è un duplicato virtuale e non un fondamento sovrasensibile. È un andare in immersione usando i nostri sensi per vivere in una super-realtà. È qualcosa di facilmente rappresentabile: un visore, sensori tattili, auricolari. Una variante digitale dell'amplificazione psichedelica della nostra sensorialità. Ma quando Zuckerberg pensava al metaverso non era ancora esplosa l'IA generativa. In verità non siamo noi ad andare da qualche parte, perché quella parte è (già) nella nostra vita reale, in un *device* che determina comportamenti, pensieri ed emozioni. Detto in altre parole, non siamo di fronte all'evaporazione nel virtuale della realtà delle cose (l'incubo del filosofo sudcoreano Byung-Chul Han), bensì assistiamo all'irruzione del virtuale nel reale e quindi neanche occorre ristabilire la preminenza del reale-materiale.[13]

Può essere che tutto resti apparentemente al suo posto (possiamo non indossare il visore e i guanti tattili), solo che la nostra vita concretamente si svolgerà (si svolge?) lungo binari invisibili ma imprescindibilmente fissati da altri per noi.

Questi altri, un po' come le tre Moire della mitologia classica, di fatto tessono ogni dettaglio delle nostre vite. Una specie di Fato inconoscibile e imprevedibile che da qualche parte (forse un golf club in alta California) ha l'opportunità, per la prima volta nella storia umana, di pianificare

13 Cfr. F. Buongiorno, *Infocrazia. La digitalizzazione e la crisi della democrazia*, Einaudi, Torino 2023.

l'economia del mondo come neanche nei sogni più sfrenati di un burocrate staliniano. E ancora di predeterminare, o comunque condizionare, in maniera sempre più stringente le scelte politiche delle comunità di cittadini. Efori che indirizzano arbitri non più tanto liberi.

La rappresentazione anche visuale la vediamo nella fisicità di Elon Musk, nella ieraticità di Mark Zuckerberg, nella benevolenza globalista di Bill Gates. Che cos'hanno di differente dagli antichi dèi dell'Olimpo? Nel nuovo Olimpo digitale, Musk è un nuovo Dioniso, Zuckerberg è un nuovo Apollo, Gates è un nuovo Zeus. Comprensibile che nei loro sogni ci siano le tribune del Colosseo o i fregi spartani degli eroi delle Termopili. Forse però mancano i sogni democratici dell'*agorà* di Atene, della libera discussione di Socrate con i suoi concittadini, manca nel loro *background* (siamo pronti a scommettere) il culto della deliberazione che si forma nel confronto, nella persuasione, nel consenso, nella vigilanza contro chi vuole deformare la realtà.

Già nell'antica Atene i sofisti manipolavano i fatti: erano accusati di rigirare la realtà a loro piacimento e per scopi di lucro, vantandosi anche del loro nichilismo e del loro relativismo. Ma già allora Platone inchiodava Protagora al rispetto della verità «che non si confuta mai», tanto è chiara e luminosa. La retorica (l'arte di parlar bene) ha senso (ancora Platone) solo se ancorata alla verità, così come la politica ha senso solo se ancorata alla giustizia. Questa accorata difesa di verità e giustizia da parte del più grande dei filosofi significa che un *fumus* di disinformazione rendeva già allora difficile il discernimento e la deliberazione basata su fatti e su valori; ma tale insistenza è stato il fondamento su cui sono state edificate le certezze dell'Occidente, il suo sistema dei saperi e le sue garanzie politiche. Il Campidoglio, la casa della democrazia, prima in Europa poi negli Stati Uniti, si regge su robuste colonne di granito: la sua monumentalità vorrebbe essere la pietrificazione degli ideali repubblicani di Platone. A Musk piace il Colosseo, ma saremmo tutti più tranquilli se fosse attratto dal Campidoglio.

L'indicatore della democrazia punta al rosso: il patto sociale basato sulla razionalità delle scelte e su un contratto tra uomini consapevoli e coscienti, è oscurato dalla nube tossica di candidati sintetici alle elezioni (uomini politici non esistenti, programmi politici determinati da algoritmi, tempeste o *shitstorm* a seconda dei casi per demolire avversari politici).

Possiamo già popolare il mondo della rete di demoni virtuali che hanno le sembianze dei reggitori del mondo e che possono indurci a cambiare opinione e quindi voto nelle urne. Per quel che ne sappiamo, potremmo far vivere un capo di Stato anche per molti anni dopo la sua morte con il suo avatar; si possono altresì scatenare tempeste sociali sanguinose e furie di masse incontrollabili per una dichiarazione inventata e affidata a una creazione di grafica digitale. I dotti bizantini, nella Bisanzio del XIV secolo, si esercitavano in virtuosistiche esibizioni di erudizione sul sesso degli angeli, sì proprio quello! A Stanford, come in Italia, si discute su *gender* e superamento della supremazia antropocentrica e, nel frattempo, le mura della democrazia crollano e sia la città interiore sia quel che resta della *res publica* vengono espugnate.

Gli esercizi spirituali contro l'IA

Questo lavoro nasce da una serie di conversazioni reali tra due persone che provengono da due storie diverse, con competenze e mestieri diversi: un professore universitario di storia della filosofia antica, Giuseppe Girgenti, e un dirigente d'azienda che da sempre si occupa di informazione e comunicazione, Mauro Crippa. Nessuno dei due è un tecnologo o un informatico o un economista o un esperto di logica matematica. Ma proprio questi limiti mettono al riparo dal contagio neopositivista e tecnofilo. Qui non troverete le ultime novità, bensì una serie di riflessioni che abbiamo chiamato «esercizi spirituali» per difendere ciò a cui più teniamo: noi stessi.

Günther Anders sosteneva che l'uomo è antiquato,[14] ma proprio di questa inadeguatezza dell'umano noi ci facciamo forza per offrire un manuale di resistenza spirituale contro i rischi dell'IA.

Il volume è articolato in dieci esercizi spirituali. Non quelli dei gesuiti, ma quelli definiti da Pierre Hadot come laici e ben conosciuti e praticati dai filosofi antichi:[15] un esercizio preliminare per la presa di coscienza dei rischi che il soggetto umano corre con l'IA e nove esercizi in positivo che mirano tutti a corroborare il soggetto umano in ciò che gli è più proprio. I titoli di questi esercizi suonano come gli antichi precetti delfici dei sette sapienti: conosci te stesso, sii te stesso, godi te stesso, cura te stesso, ama te stesso, narra te stesso; questi esercizi sono immaginati come altrettanti ritorni ai grandi autori della classicità (Omero, Eraclito, Socrate, Platone, Aristotele, Epicuro, Galeno) e della tradizione cristiana (Agostino e Ignazio di Loyola).

14 G. Anders, *L'uomo è antiquato*, Bollati Boringhieri, Milano 2007.
15 Cfr. P. Hadot, *Esercizi spirituali e filosofia antica*, Einaudi, Torino 2005.

Esercizio preliminare
ATTENZIONE, L'ANIMA È IN PERICOLO

Il summit di Bletchley Park

Bletchley Park è una tenuta settecentesca in un grazioso comune della campagna inglese, a circa 80 km da Londra. Un luogo che sarebbe stato destinato a essere ricordato solo dagli appassionati di storia locale e architettura. La Storia, quella con la S maiuscola, ha però consegnato questa villa e i suoi oltre cinquecento acri di giardino alla fama eterna: proprio qui, infatti, si realizzò quell'«arma segreta» che avrebbe mutato le sorti della guerra a favore delle potenze alleate. Un'arma non distruttiva e non omicida: la tecnologia dell'informazione.

In questo edificio, ribattezzato Stazione X, Alan Turing, per conto del governo inglese, riuscì a decrittare i codici di comunicazione dei nazisti, contribuendo alla sconfitta di Hitler. Ottant'anni dopo, il primo ministro britannico Rishi Sunak ha deciso di organizzare proprio a Bletchley il primo summit mondiale sull'intelligenza artificiale.

Una scelta mirata, perché Turing fu il padre della *computer science*, da cui nascono tutte le tecnologie informatiche fino al digitale e all'attuale intelligenza generativa. Una scelta simbolica, perché proprio l'IA sembra mettere l'umanità nuovamente a rischio, in un conflitto nuovo, diverso, con i governi che ormai sono attori quasi secondari rispetto alle grandi aziende americane, perché esse sono ormai padrone di questa tecnologia.

«Chi ha sviluppato questa tecnologia ha anche aumentato i rischi che l'IA può comportare. Le persone del settore forse non sono del tutto d'accordo riguardo a questa affermazione ma siamo qui per aprire un dibattito», ha detto il premier Sunak all'inizio dell'evento, tenutosi l'1 e il 2 novembre 2023, e al quale hanno partecipato i *tycoon* della tecnologia come Elon Musk e Sam Altman, il creatore di ChatGpt, ma anche leader politici di caratura mondiale, tra cui la presidente della Commissione europea Ursula von der Leyen e la premier italiana Giorgia Meloni.

La vicenda manageriale di Sam Altman, l'Oppenheimer dell'IA o anche, nel nostro Olimpo digitale, il nuovo Prometeo che ruba il fuoco agli dei per donarlo agli uomini, è piuttosto indecifrabile. Lo stiamo lasciando prima fuori e poi dentro la sua creatura, dentro e fuori dal CdA della società che ha fondato, oscillante tra Elon Musk e Bill Gates e, soprattutto, ciò che più ci riguarda, prima sostenitore delle fonti libere (*open*) poi convinto partigiano del turbocapitalismo e degli investimenti miliardari.

Più in profondità, non si capisce se voglia tenere le redini allo sviluppo dell'IA controllandola e sensibilizzando affinché i governi la gestiscano, oppure se voglia lasciare libero sviluppo agli spiriti animali del capitalismo che, come si sa, non hanno e non tollerano freni.

Le discussioni si sono svolte a porte chiuse.

«C'è motivo di ritenere che l'IA possa rappresentare un rischio di portata pari a quella delle pandemie e della guerra nucleare» ha proseguito Sunak «ed è per questo che, come leader, abbiamo la responsabilità di agire per adottare misure volte a proteggere le persone.»

«Le aziende hanno in generale una responsabilità morale?

Sì» ha continuato Sunak «ma hanno anche concordato che i governi hanno un ruolo da svolgere. Fondamentalmente sono solo i governi che possono verificare le implicazioni di sicurezza: questo è il lavoro dei governi e nessun altro può farlo. Non ci si può però attendere che le aziende diano i voti a sé stesse e facciano i compiti a casa.»

Tra i momenti *clou* dell'evento, un'intervista sul palco in cui proprio lo stesso Sunak ha dialogato con Elon Musk, autentica star del summit. Il patron di X (si chiamava Twitter, ma Musk ha preferito X, proprio in omaggio a Turing) ha esordito così: «Penso che l'IA sia una delle maggiori minacce per gli esseri umani. Per la prima volta, abbiamo una situazione in cui c'è qualcosa che sarà molto più intelligente dell'essere umano più intelligente».

Musk ha poi spiegato che «gli esseri umani non sono più forti o più veloci delle altre creature (del mondo animale), la nostra superiorità deriva dalla maggiore intelligenza, grazie alla quale abbiamo consolidato questo primato. Con l'intelligenza artificiale ecco che perdiamo questo primato».

Pertanto, secondo Musk, «l'IA è all'80% opportunità e al 20% rischi; dobbiamo sperare per il meglio, ma prepararci per il peggio. Non è chiaro se possiamo controllare una cosa del genere, ma possiamo aspirare a guidarla in una direzione che sia benefica per l'umanità».

«Siamo di fronte alla forza più distruttiva della storia. Arriverà un punto in cui non sarà più necessario lavorare, nel senso che potrai lavorare solo per soddisfazione personale, ma l'intelligenza artificiale farà tutto», ha proseguito Musk, secondo il quale una delle sfide del futuro «sarà trovare un significato nella vita.»

E infine ha concluso così: «Ciò a cui miriamo realmente qui è stabilire un quadro di riferimento in modo che ci sia almeno un arbitro di terze parti, un arbitro indipendente, che possa osservare che cosa stanno facendo le principali aziende di intelligenza artificiale e almeno lanciare l'allarme se hanno preoccupazioni».

L'IA ci libererà dalla schiavitù del lavoro?

Musk merita qualche glossa a margine. Sul fatto che l'IA sia una delle maggiori minacce per gli esseri umani, siamo d'accordo. È peraltro un'affermazione che lascia poco spazio a facili ottimismi e interrompe bruscamente i sogni di una bella e funzionale *tecnosofia*.[16]

Sul rapporto rischi-opportunità dell'IA, siamo molto più pessimisti di Musk e la stima appare un po' campata in aria. D'altro canto, se le opportunità dell'IA rappresentassero davvero l'80% del suo valore potenziale, non si capisce perché chiamare i leader del mondo a parlare dei suoi rischi.

Inoltre, siamo di fronte alla «forza più distruttiva della storia»: non si tratta di un biglietto da visita rassicurante, ma su questo torniamo al punto precedente (motivo per cui si sono ritrovati a Bletchley Park) e per quanto riguarda l'orizzonte del non lavoro per l'umanità, la cosa non è risolvibile in maniera semplice. La questione del lavoro umano ha innervato la riflessione filosofica, religiosa, politica, sociologica, economica e antropologica dell'Occidente da millenni.

Che cosa resta dell'uomo senza il lavoro? Nella Bibbia si dice che l'uomo è stato creato per lavorare (Gn 2,15: *ut operaretur*). Ma, d'altro canto, la filosofia greca, a partire da Aristotele, ha legato la questione del lavoro e della schiavitù proprio alle macchine. Lo Stagirita profetizzava nella *Politica* che, nel momento in cui le macchine avessero svolto

16 Cfr. M. Ferraris, G. Saracco, *Tecnosofia. Tecnologia e umanesimo per una scienza nuova*, *op. cit.*

il lavoro dell'uomo, in quel preciso momento sarebbe stata abolita la schiavitù. D'altro canto, molti secoli dopo, Karl Marx rifletteva proprio sull'alienazione del lavoro: anche lui profetizzando che la liberazione dal lavoro degli operai avrebbe reso possibile un uomo nuovo finalmente riconciliato con la sua stessa propria essenza.

E, nel secolo scorso, John Maynard Keynes e Bertrand Russell auspicavano che avremmo lavorato per sole quattro ore al giorno, godendo finalmente di un tempo libero per oziare nel senso più alto e antico del termine. *Scholé* e *otium*, del resto, erano le attività più nobili per i Greci e per i Romani.

Queste profezie progressiste, queste anticipazioni di decrescita felice (un *homo* sempre meno *faber*), preconizzavano e preconizzano un'essenza umana simile a quella di un *puer ludens* che, come il bambino di Eraclito, si diverte innocentemente a creare e a distruggere i suoi giochi (che noia!). Tuttavia, né Aristotele né Marx potevano immaginare che la liberazione dal lavoro, quello che Musk prevede con l'IA, potesse molto probabilmente portare con sé lo svuotamento di senso dell'umano.

Musk dice che, una volta liberi dal lavoro, bisognerà trovare un nuovo significato nella vita. Si tratta di un invito pedagogico dal retrogusto totalitario. Il Socrate della *Repubblica* di Platone, quando proponeva le sue più stravaganti utopie totalitarie, lo faceva sempre nel contesto di un dialogo anche provocatorio con i suoi concittadini, con i mercanti, con i problemi del tempo e con i piedi ben piantati per terra. Il fatto è che Musk (non un semplice aristocratico ateniese, ma uno dei dieci uomini più potenti del mondo) prima contribuisce a svuotare di senso la vita dell'umanità con la sua pretesa di annullare *tout court* il lavoro umano, e poi si propone come creatore di nuovi significati e di nuovi scopi nella vita delle persone.

Musk chiede, comunque, da tempo una pausa nello sviluppo di questa tecnologia, per governarne al meglio l'evoluzione. «Una pausa nello sviluppo della tecnologia potrebbe dover essere presa in considerazione nei prossimi cinque anni», la sua opinione interessata: meglio di chiunque altro sa che cinque anni sono un tempo enorme nello sviluppo della tecnologia.

Che si sappia, mai è stato possibile nella storia dell'umanità, non solo arrestare ma neanche solo indirizzare in maniera univoca, anche in un solo specifico distretto geografico, lo sviluppo della tecnologia, la quale – dovremmo averlo imparato da tempo – va per suo conto e segue logiche che sono tanto più vincolanti quanto più dipendenti dal profitto economico. I detrattori di Musk affermano che la sua strampalata richiesta è la conseguenza del torto subito nell'essere stato uno dei finanziatori del progetto OpenAI, la piattaforma di IA in modalità *open source* (libera, senza proprietari), vedendosela poi «sfilare» da Microsoft. E ora Musk ha lanciato la sua nuova piattaforma *Grok*, che ha il pregio di possedere un forte senso dell'umorismo. Si chiama così, infatti, in omaggio alla saga fantascientifica *The Hitchhiker's Guide to the Galaxy*, opera comica che parte proprio dalla distruzione del pianeta Terra. Dispetti miliardari da giganti.

L'ipotesi di una sospensione provvisoria della ricerca e dello sviluppo vede in parte d'accordo Mustafa Suleyman, il *co-founder* di *Deep Mind*, la società inglese di IA, rilevata da Google per sviluppare il suo modello di intelligenza artificiale.

«Non lo escludo e penso che a un certo punto, nei prossimi cinque anni, dovremo considerare la questione molto seriamente», ha detto Suleyman. «Non credo che oggi ci siano prove che modelli di frontiera delle dimensioni di Gpt-4 […] possano minacciare danni catastrofici significativi, per non parlare di danni esistenziali. È oggettivamente chiaro che c'è un valore incredibile per le persone nel mondo. Ma è una domanda molto sensata da porsi, dato che creiamo modelli 10 volte più grandi, 100 volte più grandi, 1.000 volte più grandi, cosa che accadrà nei prossimi tre o quattro anni.»

L'IA si siede al tavolo dei grandi

La questione va osservata anche in un'altra prospettiva. Torniamo proprio ad Alan Turing. Il matematico inglese riuscì a decrittare i codici dei nazisti grazie al suo genio, ma anche alla strumentazione fornita dal governo inglese e dall'intelligence. Un meccanismo tipicamente «novecentesco»; un'epoca in cui solo il settore pubblico aveva fondi e mezzi per finanziare e sviluppare tecnologia e industria.

In Europa forse è ancora così, ma negli Stati Uniti la situazione si è già ribaltata. Secondo i dati del *National Center for Science and Engineering Statistics* nel 1964 le spese in ricerca e sviluppo tecnologico erano al 67% di natura pubblica. Nel 2020, invece, le imprese private fanno la parte del leone.

Ci troviamo quindi di fronte a un rovesciamento di proporzioni. Gli Stati inseguono ormai i privati, cercando di ricondurli al rispetto delle regole ma con armi spuntate.

Basti pensare che l'*AI Safety Institute*, l'istituto creato dagli Stati Uniti per vigilare sullo sviluppo dell'IA, è stato istituito all'interno del *National Institute of Standards and Technology*, un laboratorio federale notoriamente sottofinanziato e con personale insufficiente. Anche questo dà la misura di quanto sia difficile, ai limiti del velleitario, pensare di tenere a freno le aziende più ricche, influenti e potenti del mondo, lanciate in una competizione frenetica per lanciare modelli di IA sempre più di frontiera. O meglio di ridefinire la frontiera stessa di ciò che è intelligente.

«Riconosciamo i vantaggi dell'IA ma riconosciamo che esistono dei rischi. E parte del ruolo degli Stati Uniti in questi incontri è stato quello di richiedere che ci fosse una certa comprensione e apprezzamento per l'intero spettro di questi rischi» ha detto Kamala Harris, vicepresidente Usa nel suo intervento all'incontro di Bletchley. «Molti di voi mi hanno sentito parlare di come dovremmo pensare alle minacce esistenziali e definirle non solo in base a che cosa potrebbero essere, ma a chi potrebbero danneggiare e come la definizione di minaccia esistenziale possa differire a seconda di chi è coinvolto.» Lo stile un po' involuto della vicepresidente Usa, probabilmente, ha a che fare con la difficoltà di definire temi, materie, rischi, soggetti individuali o menti sociali coinvolte. In una parola, mentre la realtà scientifica galoppa, quella etico-politico-normativa gattona.

Il summit si è concluso con una firma congiunta di una dichiarazione da parte dei 27 Stati coinvolti (tra cui la Cina e gli Usa, ma anche l'Europa che ha già varato un pacchetto di regole sull'IA, il cosiddetto *AI Act*).

«Esiste il rischio di danni gravi, persino catastrofici, deliberati o involontari, derivanti dalle capacità più significative di questi modelli di IA» si legge nel documento.[17] «È necessario quindi affrontare il problema del controllo umano, dell'etica, della mitigazione dei pregiudizi [qui ci si riferisce a pregiudizi razziali, di identità sessuale, di lingua, religione, opinioni personali e politiche, condizioni sociali, *N.d.R.*] della privacy e della protezione dei dati. Notiamo inoltre i potenziali rischi imprevisti derivanti dalla capacità

17 *Bletchley Declaration*, dichiarazione sottoscritta da 28 Paesi, tra cui anche l'Italia, nei giorni 1-2 novembre 2023.

di manipolare contenuti o generarne di ingannevoli. Tutte queste questioni sono di fondamentale importanza e affermiamo la necessità e l'urgenza di affrontarle».

Essendo un summit di governance mondiale, si è posta con forza la questione della democrazia. Probabilmente, ognuno dei politici presenti al summit aveva un incubo: quello di essere riprodotto mentre fa o dice cose non reali. E il criterio di pericolosità non riguarda tanto riproduzioni pornografiche o goliardiche, bensì quelle che si avvicinano a uno schema reale di comportamento e di comunicazione. Alcuni di questi rischi toccano il cuore della democrazia, minando il funzionamento stesso delle elezioni.

All'AI Summit, Nick Clegg, presidente dei *Global Affairs* di Meta (Facebook) ha spiegato: «Esistono diversi tipi di rischi e il primo è esattamente questo tipo di rischi sociali, che si tratti di pregiudizi, disinformazione o creazione di *deepfake* [tipo quelli riguardanti Obama e Putin che fanno discorsi mai pronunciati, *N.d.R.*]». Il giorno dopo la dichiarazione, il 3 novembre 2023, una foto a Gaza City: circondata tra le macerie, una bambina che ha di fianco una donna con il volto insanguinato, chiede aiuto alzando la sua piccola mano sinistra macchiata di sangue o ferita. Un gesto potente che muove a compassione le opinioni pubbliche mondiali, e che indigna il mondo arabo. Ma, a ben guardare, le dita della mano sono sei, non cinque. Un errore dell'IA, peraltro piuttosto comune nella produzione di *fake*.

Propaganda palestinese? Forse no, giacché il ragionamento non si ferma qui e diventa dietrologia: che cosa impedisce di pensare che questo clamoroso falso sia stato creato dai servizi segreti israeliani per screditare la propaganda di guerra di Hamas? Anche perché si suppone, e lo diciamo al rischio di sembrare cinici, che purtroppo di soggetti simili, ma autentici, ve ne dovrebbero essere in abbondanza in una città incessantemente bombardata. Materiali di questo genere stanno invadendo il web. Il punto è che, ed è qui il potere eversivo dell'IA, tutto questo demolisce ogni fiducia nella comunicazione pubblica. In pratica, l'assicurazione di veridicità e garanzia di autenticità, vessilli della libera stampa da Gutenberg ai giorni nostri, stanno diventando merce rara.

La politica mondiale trema: «L'industria e il governo cooperino proprio ora sul ruolo che l'IA generativa svolgerà nelle elezioni del 2024, con un voto nel Regno Unito previsto in autunno e le elezioni negli Stati Uniti a novembre», ha concluso Clegg.

Il profilo stesso di Clegg è, però, emblematico dei rapporti di forza tra pubblico e privato nel mondo del *tech*. Nick Clegg, per esteso Sir Nicholas William Peter (Nick) Clegg, è stato vice primo ministro britannico dal 2010 al 2015 in un governo di coalizione tra il partito liberale, di cui era leader, e quello conservatore. Nel 2018 Clegg entra in Facebook, ora Meta. Una vicenda emblematica di come ormai le grandi aziende abbiano aumentato influenza e potere sulla politica anche di Paesi avanzati e ricchi come la Gran Bretagna.

I governi tentano di controllare l'innovazione strategica: ciò li spinge a lottare per contenere una delle tecnologie più potenti che il mondo abbia mai conosciuto. L'IA viene già usata sui campi di battaglia e nelle campagne elettorali, perché ha la capacità di alterare il corso delle democrazie, indebolire o sostenere le autocrazie e contribuire a determinare gli esiti delle guerre e delle elezioni. Questa tecnologia viene però sviluppata sotto il segreto aziendale, al di fuori della vista dei regolatori governativi e con la portata e le capacità di ogni nuovo *release* gelosamente custodite come informazioni di proprietà. È patetico pensare, come guardare vecchie foto in bianco e nero, che in Italia sia ancora in vigore, nella giornata precedente le elezioni, il cosiddetto silenzio elettorale che riguarda radio e televisioni. Le aziende tecnologiche che guidano questa innovazione chiedono anche loro limiti: un esercizio notevole di ipocrisia.

Sam Altman, nelle poche indiscrezioni arrivate dai suoi incontri all'AI Summit, ha sostenuto che «i governi hanno bisogno di un nuovo ente regolatore per affrontare i futuri modelli di intelligenza artificiale avanzati», ma la sua società va avanti, rilasciando sistemi di intelligenza artificiale sempre più perfezionati, in grado di sfuggire e oltrepassare le regole che faticosamente il mondo della politica prova a mettere in atto.

L'AI Summit si terrà ogni sei mesi. Dopo l'Inghilterra, nel Sud Est Asiatico. Poi in Francia. Ma dove sarà arrivata a quel punto la ricerca sull'IA? E quali leve possono usare i Paesi per ricondurre all'ordine le grandi società tecnologiche? Multe? Sanzioni? Anche questa concezione del rapporto pubblico-privato sembra sempre più un feticcio novecentesco. D'altronde, una società come Apple, nel 2023, ha avuto una capitalizzazione di oltre tremila miliardi di dollari, che ha superato proprio il Pil della Francia.[18] Gli Stati ormai non possono più sedersi allo stesso tavolo delle aziende in una posizione di superiorità.

IA e nuovo ordine mondiale, tra democrazie e autocrazie

Forse il nuovo ordine mondiale passa proprio da questo ribaltamento delle forze in campo, con l'intelligenza artificiale a rappresentare una potenziale arma di deterrenza e distru-

18 Il titolo dell'azienda di Cupertino ha, ad esempio, chiuso la seduta del 30 giugno 2023 al Nyse a un prezzo di 193,97 dollari, con un guadagno del 2,31%, equivalente cioè a un valore di mercato complessivo di 3.051 miliardi di dollari: un ammontare all'incirca pari al Pil della Francia.

zione come è stata la bomba atomica. Questo, tuttavia, è un problema prettamente occidentale: i governi hanno delegato di fatto ai privati l'ideazione e la produzione di sistemi informatici avanzati che condizionano l'opinione pubblica e che sono alla base di sistemi d'arma di efficacia straordinaria. Le chiavi della Santa Barbara sono in mano a pochi capitalisti privati.

Ma in Cina e in Russia non è così. Le autocrazie asiatiche controllano direttamente scienza, tecnologie, apparati di comunicazione e piattaforme, con conseguenze geopolitiche evidenti e con una ricaduta sul controllo assoluto e totale di miliardi di cittadini dominabili, ricattabili e predeterminabili con rilevamenti biometrici in ogni aspetto della loro vita.

Kissinger, Schmidt e Huttenlocher nel 2021 scrivevano: «La rivoluzione dell'intelligenza artificiale avverrà più rapidamente di quanto la maggior parte degli esseri umani si aspetti. Se non elaboriamo nuovi concetti per spiegare, interpretare e organizzare le trasformazioni che essa provocherà, non saremo pronti ad affrontarla e a orientarci fra le sue conseguenze. Moralmente, filosoficamente, psicologicamente, praticamente – sotto ogni punto di vista – ci troviamo sull'orlo del precipizio di una nuova epoca. Dobbiamo attingere alle nostre più profonde risorse – ragione, fede, tradizione e tecnologia – per adattare il nostro rapporto con la realtà, affinché rimanga umano».[19] Tuttavia, ormai non siamo più sull'orlo del precipizio, perché siamo già precipitati.

Salvare l'IO dall'IA

Siamo entrati nell'era dell'IA e ancora non siamo consapevoli dei rischi che si prospettano all'orizzonte non solo

19 H.A. Kissinger, E. Schmidt, D. Huttenlocher, *L'era dell'intelligenza artificiale. Il futuro dell'identità umana*, *op. cit.*

per l'economia, la politica e il lavoro, ma anzitutto per la coscienza individuale. Di per sé, questa espressione, «intelligenza artificiale», sembrerebbe un ossimoro, un paradosso, equivalente a dire «un ferro di legno». Se ci pensiamo bene, infatti, «intelligenza» e «artificiale», cioè pensiero e macchina, è un abbinamento che mette in crisi la tradizionale distinzione cartesiana tra *res cogitans* e *res extensa*, tra pensiero come realtà immateriale/spirituale e materia, tra mente e corpo, tra soggetto e oggetto, tra persona e cosa.

Il padre della filosofia moderna se la cavava con facilità, con una ghiandola. Grazie a lei, lo spirito comunicava con il cervello, l'anima col corpo. Eppure, l'esistenza dell'IA è un dato di fatto, anticipato senza grandi problemi già dai primi calcolatori meccanici – anche un semplice calcolo aritmetico, del resto, è un'operazione razionale – e ormai realizzato in dimensione globale e avanzata. Il progresso tecnologico è arrivato con l'IA a una svolta epocale, così radicale che parlare semplicemente di una quarta rivoluzione industriale appare un po' riduttivo. La macchina che *pensa,* e che non si limita semplicemente a calcolare, non solo mette in discussione la stessa distinzione tra cosa e persona, tra oggetto e soggetto, ma promette (o minaccia) di appropriarsi delle più segrete leggi della vita e del pensiero, cioè della natura e dell'uomo, per riprodurle e modificarle.

Oggi, per quel che ne sappiamo, possiamo dire che l'IA calcola, ma ancora non pensa; che assembla ed elabora dati ma non ragiona in modo autonomo; che produce testi, immagini, video, soluzioni a problemi complessi, ma non ne ha coscienza. L'IA non ha un IO. Ma ne siamo sicuri? Oppure l'IA ha già sviluppato un Sé segreto artificiale a noi inaccessibile? Allo stato attuale sembra che l'IA abbia quantomeno separato la dimensione della ragione, cioè del calcolo e dell'elaborazione dei dati, da quella dell'anima vivente e dell'Io cosciente, limitandosi alla prima. Per dirla con Socrate, che sosteneva di sapere di non sapere, potremmo dire che la macchina non sa di sapere. La macchina non nasce e non muore, a differenza dell'animale, che, con buona pace di Cartesio, non è una macchina, perché è dotato di vita autonoma.

Ritorno alle radici di noi stessi

I filosofi greci avevano dato il nome di *psyche* a questa realtà complessa e misteriosa, capace di dare vita a un corpo inanimato, e al contempo di avere nell'essere umano, animale razionale (*zoon logikon*), coscienza e intelligenza, e quindi capacità di scelta libera. Ma si può parlare di coscienza senza riferirsi a un Sé nutritosi di esperienze non solo verbali, intellettuali, razionali, ma anche affettive, passionali, di piacere e dolore? Secondo lo psicanalista Franco De Masi, quando «questo scambio [tra bambino e la madre, *N.d.R.*] non avviene, il Sé non si forma o viene mutilato in modo radicale; in questo caso la stessa coscienza o la consapevolezza di sé non può sorgere. La coscienza del Sé, pertanto, non può esistere indipendentemente dalle prime esperienze emotive necessarie e strutturanti».[20]

Addirittura, un sistema di IA può ambire al massimo allo stato di psicotico: «Ho visto che, quando un paziente ha una crisi psicotica, questa è destinata a ripetersi più volte nel corso del trattamento, con qualche variazione, ma senza una sostanziale modificazione. Il delirio si impadronisce ripetutamente della mente del paziente come un ignoto programmatore avesse immesso in lui un sistema informatico». Oltre a questo, «in una macchina non c'è nessuna *pausa di*

20 F. De Masi, recensione di F. Faggin, *Irriducibile. La coscienza, la vita, i computer e la nostra natura*, Mondadori, Milano 2022.

riflessione tra i simboli e l'azione, perché il significato dei simboli, il dubbio e il libero arbitrio esistono solo nella coscienza di un sé, ma non in un meccanismo».[21]

Le posizioni attuali degli scienziati e dei filosofi oscillano tra il pessimismo di chi intende la rivoluzione dell'IA come il più grande pericolo del nostro tempo, data la sua pervasività onnicomprensiva che travolgerà e cambierà tutti gli aspetti della vita umana e del suo rapporto con l'ambiente, e l'ottimismo di chi invece scorge in essa una grande opportunità, l'opportunità di un salto di qualità tecnologico in positivo come mai si era visto nella storia dell'uomo.

E capita anche un incredibile ribaltamento di ruoli: ingegneri, programmatori e sviluppatori fanno riflessioni venate di pessimismo se non di catastrofismo, mentre non è impossibile trovare filosofi e umanisti in genere contenti come neosposi nel nuovo rapporto con l'intelligenza aliena (da Luciano Floridi a Maurizio Ferraris).

L'IA modifica la psiche umana. Una sostituzione tecnica?

Le applicazioni immediate dell'IA le osserviamo già nella scuola, nel lavoro, nella sanità, nell'impresa, nel mondo dell'informazione, nella televisione e nel cinema, nella finanza, nella politica, nella difesa. E l'elenco è del tutto parziale e rapsodico. Basta avere usato una volta ChatGpt per capire che il tradizionale metodo scolastico di scrittura di temi e saggi brevi, sia nella composizione da parte dello studente sia nella valutazione da parte del docente, è già stato spazzato via; ma ancora prima, nella formazione dei bambini in età prescolare, è ancora tutta da analizzare la loro interazione con assistenti digitali del tipo *Alexa*, che fanno sì

21 *Ivi.*

che il bambino si senta più a suo agio con essi piuttosto che con babysitter in carne e ossa. Nel mondo del giornalismo e dell'editoria, cioè in quegli ambienti dove la scrittura di testi è la professione, l'opportunità enorme è già diventato un grande rischio, nella misura in cui alcune grandi aziende preferiscono i testi prodotti dall'IA a quelli dei giornalisti, che si avviano così al licenziamento.

Se guardiamo al mondo della sanità, già si producono assistenti digitali in grado di formulare diagnosi e terapie in maniera molto più precisa, rapida ed efficace di quanto possa fare un medico, il che lascia presagire che in un futuro non lontano gran parte dei medici e degli infermieri possano essere sostituiti dalle macchine. Come vedremo, questo accade anche agli anziani delle Rsa con infermiere-robot del tipo *Nadine*. Questa sostituzione è già una realtà nel mondo del cinema, in cui l'IA è ormai in grado di riprodurre, ricreare o creare *ex novo* volti, dialoghi e sequenze persino di attori defunti. Il caso di *Now and then*, che nel 2023 ha portato in vetta alle classifiche un video dei Beatles di fatto mai registrato dai quattro, ha dimostrato che l'IA è in grado di far resuscitare gli artisti defunti.

Nel mondo della finanza i sofisticati algoritmi dell'IA possono calcolare e prevedere in modo pressoché perfetto l'andamento del mercato azionario, rendendo di fatto inutile il lavoro umano in Borsa. E già si moltiplicano i casi di truffe basate su *fake news* finanziarie, come dimostra la vicenda Altrix Edge, in cui sono caduti molti che si sono illusi di poter guadagnare un'enorme quantità di denaro con un piccolo investimento iniziale di 250 euro.

Il caso estremo è il potenziamento dell'arsenale atomico degli Stati con i mezzi offerti dall'IA: il rischio concreto che esso sfugga di mano e operi autonomamente non si può escludere. Il margine per interrompere una procedura di attacco missilistico è di pochi secondi e sono escluse comunicazioni di emergenza via telefono rosso.

Il mito di Prometeo: l'amante degli uomini punito dagli dei

La filosofia continentale del Novecento (da Heidegger a Severino) si è resa conto del fatto che l'umanità è ormai destinata alla tecnologia, che la tecnica è il nostro destino ineluttabile, e ne ha proposto diverse diagnosi e diverse terapie. Per Heidegger la tecnica è sostanzialmente un «impianto» (*Gestell*), ovvero un'imposizione artificiale alla natura che alla fine rischia di distruggerla, e l'umanità sembra essere incapace di invertire la rotta. «Solo un dio ci può salvare», è il suo ultimo accorato appello. D'altra parte, Severino intende la tecnica come l'esito finale della smisurata volontà di potenza dell'uomo occidentale, una volontà che però si basa sull'illusione che sia possibile intervenire sulle leggi della natura e modificarle a proprio piacimento. Svelarne il nichilismo sottostante, per Severino, è l'unica via d'uscita, ritornando al senso greco dell'Essere immutabile, come sosteneva Parmenide.

Entrambe le impostazioni partono, tuttavia, dal presupposto che ci sia una frattura insanabile tra *natura* e *tecnica*, e che l'uomo tecnologico sia in ultima analisi un parassita della natura, un intruso in questo mondo che lo accoglie ma che alla fine egli inquinerà, saccheggerà e distruggerà. Ma oggi stiamo arrivando al punto in cui la tecnica diventa essa stessa natura. E del resto ci sono evidenze e buone ragioni per sostenerlo. Nel film *Oppenheimer* di Christopher Nolan, lo scienziato padre dell'atomica si paragona a due figure mitologiche, una della tradizione induista, cioè a Vishnu della *Bhagavad Gita* («Ora sono diventato morte, il distruttore di mondi»), e una della tradizione ellenica, cioè a Prometeo, ricordato con le parole dello pseudo-Apollodoro («Prometeo donò il fuoco agli uomini di nascosto a Zeus. Quando lo venne a sapere, Zeus ordinò a Efesto di inchiodare il corpo di Prometeo nel Caucaso, che è un monte della Scizia. Per molti anni Prometeo rimase inchiodato al monte e ogni giorno un'aquila volava a divorargli i lobi del fegato, che gli ricrescevano durante la notte»).

Ora, proprio il mito greco della creazione dell'uomo da parte di Prometeo aveva colto ed espresso la natura della tecnica (*techne*), che però, lungi dall'essere qualcosa di «imposto» all'uomo, era intesa come qualcosa di «intrinseca» e necessaria alla sua stessa sopravvivenza. Nel mito di Prometeo, infatti, l'uomo è una creatura inerme, una scimmia nuda, incapace di sopravvivere nell'ambiente inospitale; pertanto, il titano filantropo decide di rubare a Zeus il fuoco – simbolo dell'energia dell'universo e della potenza trasformatrice e distruttiva – per donarlo agli uomini e renderli così capaci di sopravvivere, perché con il fuoco potranno riscaldarsi, nutrirsi e difendersi dalle bestie feroci. Questo significa, pertanto, che la tecnica, già quella preistorica, è connaturata alla natura umana – *homo faber*, proprio perché *sapiens* – e ne scandisce la storia e l'evoluzione, e che manifesta altresì qualcosa di «divino» nell'umano, appunto la traccia della potenza creatrice e distruttrice.

Ogni progresso tecnologico è una tappa del «farsi» della natura umana, che, come diceva Pico della Mirandola, non è definita ma si fa liberamente; l'uomo può degradarsi a bestia o può elevarsi ad angelo; con un linguaggio diverso, ma con un senso simile, lo Zarathustra di Nietzsche sostenne che l'uomo è una corda tesa tra la bestia e il Superuomo. L'oltrepassamento della natura umana non è qualcosa che la nega, ma che la invera. Purtuttavia, ogni avanzamento è inizialmente percepito come una grande minaccia per l'esistente. L'invenzione dell'automobile ha fatto dimenticare alla maggior parte dell'umanità la pratica dell'equitazione, così come l'invenzione dei fucili aveva fatto dimenticare arco e frecce. E oggi l'invenzione dell'IA sembra mettere in discussione il centro stesso della nostra identità personale, proprio quello che i Greci chiamavano *psyche* e i latini *anima*.

Conoscere, capirsi, amarsi: a lezione da Socrate

Abbiamo detto che il pericolo maggiore della rivoluzione dell'IA non consiste nel fatto che questa diventa sempre più simile all'intelligenza umana, piuttosto nel fatto che la stessa intelligenza umana ne sia travolta e smarrisca le sue caratteristiche peculiari. Ed è per questa ragione che dobbiamo prenderci cura della nostra anima, cioè del nostro pensiero vivente, oggi più che mai, riattivando antiche pratiche spirituali e religiose e adattandole all'epoca nostra.

Ai giudici di Atene che lo condannavano a morte, Socrate diceva che la cosa più importante che ogni uomo può fare è prendersi cura della propria anima, prendersi cura di sé, perché la *psyche* è il centro stesso dell'Io cosciente, la capacità di pensare e di ragionare, e poi anche di prendere decisioni libere.

«Infatti, io vado intorno facendo nient'altro se non cercare di persuadere voi, e più giovani e più vecchi, che non dei corpi dovete prendervi cura né delle ricchezze né di alcun'altra cosa prima e con maggior impegno che dell'anima, in modo che diventi buona il più possibile, sostenendo che la virtù non nasce dalle ricchezze, ma che dalla virtù stessa nascono le ricchezze e tutti gli altri beni per gli uomini, e in privato e in pubblico. Se, dunque, con l'affermare questo, io corrompessi i giovani, allora ciò sarebbe dannoso. Ma se qualcuno sostiene che io dico cose diverse, e non queste, costui non dice nulla di vero».[22]

In questo senso, la saggezza antica può ancora essere una terapia per i mali dell'uomo di oggi, come sosteneva Giovanni Reale in un fortunato saggio del 1996,[23] e la fede giudaico-cristiana può ancora offrire una soluzione e un'ancora di salvezza alla deriva scientista e nichilista a cui l'umanità sembra abbandonata; per di più, il pensiero greco è stato la base degli esercizi spirituali cristiani, come ha ben spiegato Pierre Hadot nel suo libro più famoso.[24]

La conoscenza di sé come punto di partenza degli esercizi spirituali

Questi esercizi spirituali in ogni tempo possono offrire un breviario di resistenza all'anima minacciata, ma devono essere ripensati e riattualizzati. Reale aveva istituito due poli ideali, Platone e Nietzsche, il primo come creatore di quel mondo di valori figurato nell'Iperuranio (le idee di bene, bellezza, giustizia, verità), il secondo come trasvalutatore di quegli stessi valori figurato nel Superuomo (volontà, vitalità, potenza, supremazia). Oggi l'IA sembra riassumere in sé l'onniscienza di un *Iperuranio artificiale* e l'onnipotenza di un *Oltreuomo digitale* – non un Superuomo – ma appunto qualcosa di poco umano e postumano.

Prima di tutto, però, occorre comprendere che la filosofia

22 PLATONE, *Apologia di Socrate*, 30 AB.

23 Cfr. G. REALE, *Saggezza antica. Terapia per i mali dell'uomo di oggi*, Raffaello Cortina, Milano 1995.

24 Cfr. P. HADOT, *Esercizi spirituali e filosofia antica*, *op. cit.*

greca è stata anche la base su cui sono nate la scienza e la tecnica dell'Occidente, giacché essa ha creato quelle categorie concettuali, come la matematica e la logica, che hanno permesso di capire e carpire le leggi della natura, prima per conoscerla, poi per trasformarla e, infine, per dominarla. La filosofia è la madre della scienza, che a sua volta è la madre della tecnica; il passo successivo consiste per l'appunto nel fatto che la tecnica stessa generi a sua volta qualcosa, appropriandosi delle capacità di chi l'ha generata, l'intelligenza, e forse anche la stessa vita.

Oltre a Reale e Hadot, ci rifaremo anche ad altri pensatori del Novecento che hanno riproposto l'antica cura dell'anima come terapia ancora attuale o riattualizzabile; Michel Foucault, ad esempio, predecessore di Hadot al Collège de France, e prima ancora il pensatore di Praga, Jan Patočka; entrambi hanno dato particolare rilievo alla cura dell'anima in senso socratico per riproporla come pratica filosofica. Una rapida sintesi delle loro proposte ci serve per fare poi un passo in avanti, cioè per vedere come oggi possiamo prenderci cura dell'anima minacciata dall'intelligenza artificiale.

Jan Patočka: un Socrate nel cuore dell'Europa

In *Platone e l'Europa*,[25] un testo di filosofia della storia, Patočka sostiene che la cura dell'anima di Socrate e Platone sta alla base di quello che chiamiamo «Europa», come linfa vitale etico-politica della filosofia greca, come traduzione giuridica nel diritto romano e come prospettiva religiosa di ampio respiro nel cristianesimo. Patočka vuol esplorare le radici dell'Europa, o meglio ancora le sorgenti dell'Europa,

25 Cfr. J. PATOČKA, *Platone e l'Europa*, Vita e pensiero, Milano 1998.

giacché la metafora delle radici e dell'albero rende l'idea di un territorio statico, mentre se parliamo di sorgenti e di fiumi, pensiamo al flusso e al movimento di acque che scorrono, irrorano e fecondano territori sempre nuovi. Si tratta quindi di uno sguardo sul modo in cui l'Europa è nata e si è sviluppata, su come è entrata in crisi e si è avviata al tramonto, e su quali basi potrebbe eventualmente rinascere in futuro, ritornando alla dimensione socratica della cura di sé e riattualizzandola.

Patočka si è meritato l'appellativo di «Socrate di Praga», in quanto è morto nel 1977 per le conseguenze di un violento interrogatorio da parte della polizia del regime comunista cecoslovacco di allora, che lo accusava di dissidenza per il suo appoggio agli intellettuali e agli artisti riuniti per *Charta 77* (tra i quali il futuro presidente Vaclav Havel); così come Socrate era entrato in conflitto con le leggi di Atene, in un conflitto che Patočka, hegelianamente, riteneva necessario in quanto antitesi tra diritto e moralità, allo stesso modo il filosofo ceco ha testimoniato con la sua coerenza fino alla morte il suo pensiero. In un certo senso, come Socrate, Patočka è un martire della filosofia, non nel significato cristiano, ma in quello filosofico laico.

I maestri contemporanei della cura di sé: Pierre Hadot e Michel Foucault

Invece, Hadot ebbe chiaramente una formazione cristiana gesuitica, essendo stato sacerdote della Compagnia di Gesù fino al 1952, il che traspare fra l'altro dal titolo della sua opera più famosa già ricordata, *Esercizi spirituali e filosofia antica*; in questo testo, gli esercizi spirituali ignaziani sono appunto rintracciati nella filosofia antica, nella tradizione socratica, platonica, stoica, neopitagorica e neoplatonica, in quanto pratiche di autoanalisi, di cura e di trasformazione di sé. Hadot negli ultimi anni ha dedicato particolare attenzione allo studio del neostoicismo romano (Seneca, Epitteto, Marco Aurelio) come perfetto paradigma di una filosofia intesa come pratica e attuazione di una vita buona. Ma non poteva immaginare che gli esercizi spirituali sarebbero diventati una possibile pratica di resistenza al dominio del digitale. Anima umana contro intelligenza artificiale.

Se Reale e Hadot sono stati storici del pensiero antico di formazione cristiana, e Patočka appartenne, come allievo di Husserl e in parte di Heidegger, alla scuola fenomenologica, Foucault, anche lui fenomenologo in origine, essendo stato allievo di Merleau-Ponty, ha invece integrato nel suo pensiero elementi della tradizione marxista francese e infine, soprattutto, ha contribuito alla rinascita di Nietzsche nel senso dell'attenzione al desiderio e alle sue patologie. Eppure, sono tutti accomunati dallo sguardo al pensiero antico, soprattutto socratico-platonico, in quanto tutti e quattro interpretano la cura di sé di Socrate anzitutto come un atto della conoscenza. Detto in altri termini, *l'epiméleia heautoû* ha origine dalla realizzazione concreta del motto delfico, già attribuito ai Sette Sapienti, *gnothi sautón*: la conoscenza di sé è la presupposizione necessaria della cura di sé.

Nella sapienza greca arcaica il «conosci te stesso» non aveva ancora il senso del prendersi cura di sé, quanto piuttosto del prendersi cura, dell'occuparsi e del preoccuparsi, di tutto: accanto a *gnothi sautón* i Sette Sapienti avevano sentenziato *meléte to pan* («prenditi cura del tutto!»). Se ti prendi cura di tutto, automaticamente ti prendi cura anche di te stesso, conoscendo i tuoi limiti e il tuo posto nel cosmo. Per questa ragione, partiremo da qui nel primo esercizio spirituale, un conoscere sé stessi ritornando a Socrate.

Nei testi di Patočka, l'analisi della svolta socratica è portata avanti sotto diverse prospettive: nelle lezioni su Socrate adotta una prospettiva storico-filosofica incentrata sull'analisi delle fonti socratiche (Aristofane, Senofonte, Platone, Aristotele) e sulle interpretazioni successive, fino ai grandi autori ottocenteschi (Hegel, Kierkegaard, Nietzsche); in *Platone e l'Europa*, invece, percorre un cammino teoretico e di filosofia della storia; infine, si può parlare di una prospettiva psicologico-pedagogica negli anni in cui fu direttore dell'Istituto Comenio di Praga, durante i quali la socratica cura dell'anima si traduce in esercizio pedagogico e educativo nella scuola, riprendendo Aristotele, molto importante nell'ottica di una rinascita dell'Europa sulla base dell'educazione delle nuove generazioni e oggi di portata epocale. Ci torneremo nell'ottavo esercizio spirituale, quello sull'insegnamento da maestro ad allievo.

Anche in Foucault e in Hadot possiamo rintracciare, da un lato, una prospettiva teorica sulla cura di sé, quella delle lezioni e degli scritti, e dall'altro un'applicazione pratica, che in Hadot si è tradotta nella direzione spirituale concreta, mentre in Foucault nell'attenzione sul campo alle patologie e alle devianze della mente, negli ospedali, nei manicomi e nelle carceri. Approfondiremo questi temi nel quarto esercizio, dedicato alla medicina, e nel nono, dedicato alla morte.

Entrano in scena i giganti del pensiero

Le pagine che Patočka dedica alle tre grandi interpretazioni moderne di Socrate, cioè Hegel, Kierkegaard e Nietzsche, sono penetranti e illuminanti e mettono in luce la dipendenza e la preferenza che questi autori accordano all'una o all'altra fonte socratica; Hegel si è occupato di Socrate soprattutto nelle *Lezioni di storia della filosofia* e dipende in gran parte da Senofonte, Kierkegaard ha dedicato la sua tesi di laurea al *Concetto dell'ironia in costante riferimento a Socrate* e dipende soprattutto da Platone, e infine Nietzsche, da filologo, ha studiato Socrate in rapporto alla tragedia greca negli anni di Basilea, pubblicando vari studi specifici in parallelo alla *Nascita della tragedia*, in cui, come è noto, la figura di Socrate ha connotati assai negativi, come nelle *Nuvole* di Aristofane.

Platone e Senofonte furono allievi diretti di Socrate e nei loro scritti, che in qualche caso hanno persino lo stesso titolo (*Apologia di Socrate*, *Simposio*), intesero restituire il dialogo reale che il comune maestro conduceva con i concittadini ateniesi, nelle piazze, nei ginnasi, nelle botteghe e negli incontri con gli altri filosofi e sofisti del tempo. L'intento di entrambi è ovviamente quello di presentare positivamente Socrate e di difenderlo anche per iscritto dalle accuse di ateismo, empietà e corruzione dei giovani, che gli procurarono il processo e la condanna a morte nel 399 a.C.; a noi interessano perché ci presentano un Socrate in azione, nell'atto concreto del dialogo con i suoi interlocutori e nell'esercizio dell'ironia e della maieutica, i due momenti della conoscenza di sé e della scoperta della verità in sé.

Ma anche il Socrate «cattivo maestro» di Aristofane e Nietzsche è istruttivo per il nostro percorso. Le accuse a Socrate di non credere negli dèi, di introdurre nuovi dèmoni e di corrompere i giovani sono presenti, in modo comico, già in Aristofane, la fonte più antica: Socrate non crede negli antichi dèi, perché vede che in cielo ci sono solo le «nuvole», che sono i nuovi «dèmoni», composti di aria e di fumo, e che prendono vita e parola; inoltre, egli insegna l'arte della parola utile a vincere anche nelle cause ingiuste in tribunale, e, per questa ragione, un contadino porta il figlio scapestrato al Pensatoio socratico affinché impari a essere un perfetto sofista fraudolento. In questo senso, per Aristofane, Socrate è un vero corruttore della gioventù.

Al contrario, il Socrate di Senofonte e di Platone, soprattutto nelle due *Apologie* parallele, lungi dall'essere un ateo e un empio, è un uomo religioso e pio, e lungi dall'essere un corruttore è, al contrario, il vero educatore dei giovani. Hegel, sulla falsariga di Senofonte, ricostruisce un Socrate storico-politico ben inserito nelle dinamiche dell'Atene del tempo: egli si è fatto portatore di una nuova moralità soggettiva in antitesi al vecchio diritto ateniese, e ha avuto un'influenza politica sui giovani suoi allievi, come Alcibiade e Crizia, i quali ebbero ruoli decisivi nel conflitto di Atene con Sparta; la condanna è quindi spiegabile, da un lato, come vendetta della fazione democratica contro quella oligarchica filospartana, a cui aderiva lo stesso Senofonte, e, dall'altro, agli occhi di Hegel, come necessario conflitto della moralità di un singolo individuo cosmico-storico che si contrappone al vecchio diritto della città, ma che fallisce nell'instaurare una nuova eticità collettiva.

Viceversa, Platone ci presenta, con più profondità spirituale, un Socrate maestro di virtù, e intende le accuse e le difese in senso etico; se, per Hegel, con i dialoghi socratici di Platone capiamo Platone (e non Socrate, che nei dialoghi è solo *dramatis persona*), per Kierkegaard vale l'esatto contrario: con Senofonte perdiamo il cuore del socratismo, cioè l'*ironia*, che viene compresa e restituita solo da Platone. Per Kierkegaard, solo Platone ha colto l'«anima» di Socrate, mentre Senofonte ne ha restituito solo un'immagine esteriore e superficiale.

Due esempi possono essere illuminanti, mettendo a confronto sinotticamente l'*Apologia di Socrate* nelle due versioni; in primo luogo, entrambi narrano che per difendersi dall'accusa di non credere negli dèi, Socrate richiamò il fatto che l'amico Cherefonte era andato una volta a interrogare l'Oracolo di Delfi, chiedendo se ci fosse in Atene un uomo più sapiente di Socrate; in quell'occasione, la Pizia rispose che Socrate è l'uomo più sapiente di tutti; ebbene, Senofonte interpreta questo responso sia come testimonianza del fatto che Socrate credesse negli dèi e negli oracoli, sia come testimonianza del fatto che gli dèi stessi, e in particolare Apollo, il dio di Delfi, ritenessero Socrate il più sapiente di tutti. Invece, Platone ci restituisce l'ironia di Socrate, che in tribunale avrebbe detto: come faccio io a credere in un responso di un dio che attesta qualcosa su di me, che io so per certo essere falso?

Il dio di Delfi dice che Socrate è l'uomo più sapiente, ma io so di non sapere nulla. E da qui, in Platone, parte tutta l'analisi del non-sapere socratico e del significato della *anthropine sophia*, della sapienza umana, che è poca cosa o nulla in confronto alla sapienza divina. È evidente l'ironia che è il cuore della sua filosofia. Quanto ci serve oggi questa autentica ironia di fronte al nuovo oracolo digitale, quello raccontato da *Matrix*!

Il secondo esempio riguarda la seconda accusa, cioè di introdurre nuovi dèmoni; ebbene, all'orecchio greco di Senofonte, i termini *theos* e *daimon* suonano sinonimi; in Omero *theoi* e *daimones* sono termini che indicano indifferentemente le divinità olimpiche, e quindi le due accuse, per Senofonte, si elidono a vicenda.

Per Platone, invece, questo non vale: il dèmone di Socrate non è un dio, bensì una voce interiore che apre la sua psiche alla trascendenza, ma sempre a partire dalla finitezza della condizione umana. Per Hegel – ricorda Patočka – il dèmone di Socrate è l'autocoscienza (*Bewußtsein*) che si fa coscienza morale (*Gewissen*). Hadot e Foucault seguono questo percorso nell'analisi del «conosci te stesso», soprattutto a partire dall'*Alcibiade maggiore* di Platone, come vedremo nell'esercizio spirituale n. 1.

Conoscenza di sé, scienza, morale e religione

In che senso questa presa di coscienza di sé e dei propri limiti ha generato lo spirito europeo? Patočka ha descritto tre ambiti basilari in cui la conoscenza di sé coincide con la cura di sé: anzitutto, la conoscenza di sé è un progetto gnoseologico che sta alla base della scienza occidentale, e che si è poi tradotto in Platone anche in un progetto ontologico, alla ricerca dei princìpi dell'essere, e non solo del conoscere; Socrate è il padre della filosofia e quindi della scienza, cioè della conoscenza e del dominio della natura. In secondo luogo, la conoscenza di sé è un progetto etico-politico, perché in essa si fonda l'*areté*, che è virtù etica del singolo in quanto controllo della ragione sulle passioni, ma poi anche virtù politica nella sua proiezione nella *polis*.

Socrate è quindi anche il padre dei tentativi sempre rinnovantesi di fondare una città giusta sulla base delle virtù individuali e collettive dei cittadini, non solo nella storia ellenica a lui successiva, ma anche in quella romana. Infine, la conoscenza e la cura di sé, sono diventati un progetto religioso, nella trasformazione del mito in fede avvenuto con il cristianesimo, e nella chiara eredità socratico-platonico presente nel messaggio evangelico e nella Chiesa.

Patočka ha in mente soprattutto il Socrate della *Repubblica*, in cui egli, in dialogo con Glaucone e Adimanto, fratelli di Platone, parla della cura dell'anima come base delle virtù della *psyche*, che si traducono nel governo della *polis*. Questo Socrate platonico è in gran parte anche un pitagorico, giacché la conoscenza dei princìpi matematici della natura, che sta alla base della scienza, è anche principio etico: l'unità come misura razionale degli eccessi e dei difetti delle passioni è l'essenza della virtù etica.

La *psyche* che domina l'ira e la concupiscenza raggiunge le virtù della *sophrosyne* e dell'*andreia*, che sono un cardine non solo della cura individuale dell'anima, ma altresì sono la base dell'istituzione di una città ben governata nelle sue classi. Platone scrisse la *Politeia* nel momento della crisi di Atene, Cicerone la riscrisse (il *De re publica*) nel momento della crisi della Roma repubblicana, Agostino la «battezzò» (il *De civitate dei*), per usare un'espressione di Massimo Cacciari, al momento del crollo dell'Impero romano, e in questo modo potremmo andare avanti nella storia dell'Europa fino alle utopie rinascimentali di Moro, Campanella e Bacone, che pure sono ripensamenti e riscrittura della città ideale che nasce dalla cura di sé e degli altri.

In questa linea ideale troviamo sempre la storia di una decadenza storica e il progetto di una possibile rinascita, sempre riattualizzando quell'*epiméleia tes psyches* che fa di Socrate e Platone i padri dell'Europa: quando crolla la città terrena si può riattingere alla città celeste, il cui paradigma possiamo sempre contemplare nella nostra anima. In questo senso, per Patočka, il progetto etico-politico della cura dell'anima è strettamente collegato al progetto religioso del cristianesimo.

La cura di sé è un rimedio contro scientismo, totalitarismo e dogmatismo

Se ammettiamo che la filosofia socratica così intesa è la sorgente della scienza, della politica e della religione dell'Europa, in che senso può tornare a esserne la cura? La risposta di Patočka è molto semplice: scienza, politica e religione tendono necessariamente a irrigidirsi e a sclerotizzarsi, la scienza in scientismo, la politica in totalitarismo, la religione in dogmatismo; a questo punto, la possibile terapia è proprio il ritorno all'impulso originario che pure le aveva generate: il dubbio, la domanda, il non-sapere, l'ironia, la ricerca sincera, il porsi in ascolto, il vivere nella verità. Per questa ragione, il socratismo si contrappone a ogni irrigidimento dogmatico e totalitario, fino al conflitto esplicito. In Patočka troviamo questo soprattutto nell'abbozzo del *Platonismo negativo e altri frammenti*,[26] cioè un ritorno alla «negatività» della domanda socratica come via per un'apertura autentica verso la verità, negata dalla presunta «positività» dei dogmatismi, degli scientismi e dei totalitarismi.

In Foucault e in Hadot, invece, troviamo soprattutto la riattualizzazione della cura dell'anima di Socrate come pratica filosofica; Hadot è stato il successore di Foucault al Collège de France e, nonostante la dichiarata ostilità del secondo rispetto al primo, la continuità nell'approccio è evidente; sia Foucault sia Hadot partono dalla lettura commentata dell'*Alcibiade maggiore*; Foucault insiste soprattutto sulle pratiche di soggettivazione del sé, che deve imparare a liberarsi di tutti i condizionamenti esterni, anche a costo di esperienze estreme (e in questo si scorge l'apporto nietzschiano), riconoscendo le dinamiche del potere e contrastandole.

Come già ricordato, Foucault dedicò particolare attenzione a tutte le devianze, nelle sue visite agli ospedali psichiatrici e alle carceri, ricercando metodi di risoggettivazione per tutti quegli individui la cui vita era ridotta a una condizione impersonale, nella pretesa del biopotere di cu-

26 Cfr. J. Patočka, *Platonismo negativo e altri frammenti*, Bompiani, Milano 2015.

rare i corpi, le menti e la società con il controllo e la repressione. È evidente che Foucault percorre soprattutto la strada del Socrate cinico e stoico, e che preferisce la *parrhesia* cinica all'ironia platonica come possibile terapia. Nel *Coraggio della verità*,[27] Foucault fa della *parrhesia* la virtù principale del filosofo socratico, che non ha paura di dire la verità in faccia ai potenti anche a rischio della propria vita, per denunciare chi pretende di prendersi cura degli altri con la repressione e la punizione.

Eppure, la *parrhesia*, cioè il dire sempre e comunque tutta la verità anche in modo brusco e inopportuno, in Socrate è solo l'*extrema ratio*, quando le altre vie si sono interrotte: l'ironia, infatti, è l'opposto della *parrhesia*, perché sa quando parlare e sa quando tacere, talvolta dissimula e talaltra simula, e soprattutto non cerca solo lo scontro e la confutazione dell'avversario, ma in prima battuta mira alla comprensione e alla convinzione. *Vincere è convincere*, dice ripetutamente il Socrate platonico. Per usare un'espressione di Vlastos,[28] Socrate è soprattutto un ironista ancor prima che un parresiasta.

L'ironista non dice tutto subito, sa comprendere ogni situazione, mentre il parrhesiasta dice tutto subito con sarcasmo. L'ironia prepara la maieutica, cioè il parto della verità, mentre la *parrhesia* finisce con un aborto della verità, che viene sbattuta in faccia all'interlocutore, senza che questi possa accoglierla positivamente in alcun modo. Questo è uno dei punti in cui la lettura cinica di Foucault (come quella successiva di Sloterdijk) diverge dalla lettura platonica di Hadot. Non è un caso che la tradizione dossografica antica

27 Cfr. M. Foucault, *Il coraggio della verità. Il governo di sé e degli altri II. Corso al Collège de France (1984)*, Feltrinelli, Milano 2011.

28 G. Vlastos, *Socrate. Il filosofo dell'ironia complessa*, a cura di A. Blasina, La Nuova Italia, Firenze 1998.

abbia parlato di Diogene il cinico come di un *Socrate impazzito* (*mainomenos*).

Ed è quindi ormai chiaro che il progetto di Hadot, pure in linea con Foucault, è stato quello di riportare la cura di sé a quelle pratiche così diffuse in Grecia, non solo nei circoli socratici, ma anche in quelli pitagorici, stoici e neoplatonici, di autoanalisi (l'esame di coscienza), di propositi per il giorno dopo, di meditazione della morte come presa di coscienza della propria finitezza (la *meditatio mortis* nel *Fedone* di Platone), di distacco dalle passioni anche con precetti pratici di astinenza dai piaceri e di sopportazione dei dolori (il *abstine et sustine* nelle *Diatribe* di Epitteto), che nei neoplatonici arrivavano fino all'astinenza totale dal mangiar carne e a uno stile di vita vegetariano (si pensi per esempio a Porfirio).

Nei *Pensieri* di Marco Aurelio, Hadot rintraccia le pratiche fondamentali della cura di sé nella disciplina del desiderio, del giudizio e dell'azione, che ci permettono di raggiungere l'autodominio (*enkrateia*) e la tranquillità dell'anima (*ataraxia*). L'esercizio della scrittura dell'imperatore filosofo non è fine a sé stesso, ma alla cura di sé, con precetti pratici concreti. Sulla lettura e sulla scrittura come terapia contro la deriva dell'IA torneremo nell'esercizio n. 6.

Hadot riferiva spesso tre esempi paradigmatici di Marco Aurelio: che cos'è il piacere dell'orgasmo? È solo lo sfregamento di un budellino e l'emissione di un po' di muco accompagnata da uno spasmo; che cos'è il piacere di un banchetto sontuoso? È l'esposizione di cadaveri di animali squartati e abbrustoliti; che cos'è il piacere di indossare la porpora imperiale? Essa è solo lana di pecora intrisa del sangue di un mollusco. Sulla cura dei piaceri torneremo nell'esercizio n. 4.

Questo bagaglio di esercizi spirituali è quindi la base da

cui partiamo per una rinnovata cura dell'anima; ma la sfida per non diventare schiavi dell'IA è ancora tutta da combattere e richiede ogni sforzo per elaborare nuove pratiche di resistenza, un nuovo *Manuale* sul modello di Epitteto, se vogliamo restare laici, ma anche un nuovo breviario di esercizi spirituali sul modello di Ignazio di Loyola se vogliamo conservare anche qualche perla di saggezza della tradizione cristiana.

Esercizio spirituale numero 1

CONOSCI TE STESSO. RITORNARE A SOCRATE

La lunga strada per l'Io

Cominciamo da Giuni Russo[29]: nel 1983 cantava γνῶθι σαυτόν («conosci te stesso»), su testo di Franco Battiato, con richiamo evidente all'oracolo di Delfi, in senso chiaramente psicoanalitico e psicoterapeutico.

Gnothi seauton, hemati plazomenos
Ti accolgano i Traci in Salmidesso
Gnothi seauton l'oracolo di Delfi
Andavamo a pranzo insieme al dottor Freud
Il libro dell'Es finisce così
Gnothi seauton komiso komiò
Il libro dell'Es finisce così
Gnothi seauton komiso komiò.

Il motto, perché i Greci non lo dimenticassero, era scolpito in pietra sul frontone del tempio di Delfi. Fu più volte distrutto e sempre ricostruito, fino all'epoca in cui l'imperatore Teodosio lo fece demolire definitivamente nel 391 d.C. Sul posto operava una sacerdotessa molto influente nell'antichità chiamata la *Pizia*. Il pellegrino si rivolgeva

29 Cantautrice (Palermo, 7 settembre 1951 - Milano, 14 settembre 2004).

alla sacerdotessa ponendole un quesito e la risposta arrivava in forma di enigma, dopo un delirio sciamanico causato dai fumi del sottosuolo. Si chiedeva del proprio futuro, ma in realtà la risposta era sempre uno squarcio enigmatico sul proprio destino.

Socrate fece proprio questo motto delfico, dandogli però un nuovo significato: conoscere sé stessi significa prendersi cura di sé e della propria anima. Del resto, per i Greci, la conoscenza è la principale virtù e Socrate, alla domanda «Chi sei tu?», rispondeva «Tu sei la tua anima» (essendo il corpo solo uno strumento). Così capovolgeva il rapporto anima-corpo che Omero aveva istituito dando priorità al corpo e facendo dell'anima semplicemente un duplicato spettrale, un fantasma umbratile nell'oltretomba.

Socrate, così facendo, consegnava all'anima, alla psiche, all'Io, il timbro dell'unicità, sottraendola, con largo anticipo e una volta per tutte, a qualsiasi riproducibilità tecnologica da parte dell'IA. Un mix irripetibile di autocoscienza o coscienza di sé, memoria, affetti, emozioni, ed esperienze vissute.

Con le parole di Evandro Agazzi, nel caso del vivente, la coscienza è accompagnata da qualcosa di più. Questo «di più» viene denotato tecnicamente in filosofia col termine «intenzionalità», col quale si allude al fatto che nell'attività conoscitiva del vivente si verifica una sorta di partecipazione e/o di identificazione del soggetto nei confronti degli oggetti, i quali, pur restando sé stessi, divengono anche in qualche modo parte del soggetto. Come diceva san Tommaso, *Anima est quodammodo omnia* (l'anima è in qualche modo tutte le cose).[30]

Oggi parliamo più comunemente di coscienza al posto di

30 Cfr. E. Agazzi, «Alcune osservazioni sul problema dell'Intelligenza artificiale», *Rivista di Filosofia Neo-Scolastica*, Vol. 59, no. 1 (1967).

intenzionalità, termine tecnico un tempo diffuso anche nel linguaggio colto più generale, e che oggi ha assunto, fuori del ristretto linguaggio della filosofia, un significato diverso, venendo usato piuttosto per designare delle azioni compiute in piena consapevolezza e con deliberato volere. Coscienza è surrogato di intenzionalità, anche se esprime solo approssimativamente quel significato e allude con precisione a un livello un po' più ricco della semplice intenzionalità, poiché quest'ultima non comporta di per sé la consapevolezza di conoscere.

La possibilità di ricevere informazioni è solo un certo tratto in comune fra l'automa e l'organismo vivente, ma (almeno così pensiamo un po' tutti, e anche questo è pure un fatto di cui tener conto) l'automa si limita a ricevere, mentre il vivente in più «sente» ciò che riceve, ne ha una forma di coscienza. D'altra parte, questa capacità di attività «intenzionale», «conscia», proprio perché non è tanto un operare, un comportarsi, quanto un modo di operare e comportarsi, è per ciò stesso anche qualcosa di pre-operativo, di pre-comportamentistico, e potrebbe benissimo essere, anche in linea di principio, qualcosa di essenzialmente non svelabile fino in fondo mediante dei comportamenti, anche se non mancano certo dei comportamenti che possono, in una certa misura, rivelarne la presenza a guisa quasi di «sintomi».[31]

Non v'è difficoltà ad ammettere che un giorno si possa pervenire all'esatta riproduzione dei meccanismi del sistema nervoso, che ci consentono di pensare, mediante organi artificiali. Ma questo vorrebbe forse dire che avremmo riprodotto artificialmente il pensiero? Certamente no, ma solo che avremmo riprodotto le condizioni necessarie e sufficienti perché il pensiero possa manifestarsi; perché

31 *Ivi*.

il pensiero si manifesti occorre però un'altra cosa: che il pensiero ci sia.

«La coscienza umana è praticamente l'ultimo mistero che ancora sopravvive. Ci si presenta oggi come un tema che spesso lascia ammutoliti e perplessi anche i più sofisticati pensatori. E ci sono molti che insistono – e sperano – che non ci sarà mai una demistificazione della coscienza»; parole di Daniel Dennett, uno dei padri delle neuroscienze cognitive, discipline ancora pionieristiche che si pongono come obiettivo la spiegazione analitica dei rapporti tra la mente e il cervello: a ogni esperienza sensoriale, visiva, tattile, corrisponde una determinata zona del cervello che si attiva e che può essere fotografata (*neuroimaging*), fino a visualizzare su uno schermo i nostri sogni.

Per trovare «in quale punto del cervello si verifica la coscienza, basta individuare tutti i percorsi dei veicoli dell'informazione e vedere in quale punto stanno passando nell'istante in cui diventano coscienti».[32] L'idea di Dennett e della sua scuola è che nell'IA noi proiettiamo i meccanismi di funzionamento della nostra stessa mente e che quindi, oggettivandoli come in uno specchio, possiamo conoscere meglio noi stessi. Infatti, ancora Dennett dice che: «L'analogia con le macchine virtuali dell'informatica fornisce una prospettiva utile per lo studio del fenomeno della coscienza umana».

Ci siamo rifatti a Dennett perché lo studioso americano è considerato un motivo di ispirazione filosofica per molti di coloro che lavorano nel campo della *computer science*, dell'informazione e della tecnologia digitale. D'altro canto, se la filosofia ha ancora un senso, esso è quello di costituire lo sfondo teorico per gli uomini del fare.

Nonostante questo, con buona pace di Dennett e allievi,

32 D. C. Dennett, *Coscienza. Che cosa è*, Raffaello Cortina, Milano 2023, pp. 37 e 38.

noi siamo tra quelli che sperano che la coscienza rimanga un enigma e che non sia mai svelata del tutto. Siamo in buona compagnia, da Eraclito ad Agostino, fino a Kierkegaard, per i quali l'Io è pur sempre un enigma per sé stesso.

Questa impostazione riduttivistica di Dennett, che interpreta i rapporti cervello-mente come rapporti di *hardware* e *software*, dove il primo è la parte somatico-fisica, mentre il secondo è il programma di funzionamento immateriale, non è sostenibile: se si rompe l'*hardware* è un problema di manutenzione, ed eventualmente i dati possono essere trasferiti su un altro supporto; mentre se il cervello muore, perde definitivamente la sua memoria. D'altro canto, il *software* (pensate alle app) può funzionare su infiniti *device* ed essere archiviato insieme a memoria e quant'altro in un magazzino virtuale (*cloud*).

Niente di simile accade per la coscienza umana che è sempre individuale (se non vogliamo trasferirci nella distopia di *Altered Carbon*[33]).

Io mi vedo in te

Ma l'intima convinzione dei neuroscienziati cognitivi riduttivisti (riduzione del cervello a un meccanismo) si svela ancora meglio se pensiamo per un attimo alla dialettica del rispecchiamento. Per loro un'IA, poiché costruita da una mente umana che ne riproduce al massimo grado i meccanismi, è una proiezione nella quale rispecchiarci per capire meglio anche noi stessi. Ma le cose non stanno così perché, come

33 Nella serie Netflix *Altered Carbon*, creata da Laeta Kalogridis e tratta dal romanzo *cyberpunk Bay City* (*Altered Carbon*) di Richard K. Morgan, andata in onda dal 2018 al 2020, si ipotizzava la possibilità di una metempsicosi tecnologica con trasferimento della memoria da un corpo all'altro.

sosteneva Socrate, l'anima conosce sé stessa solo rispecchiandosi in qualcosa di simile a sé, cioè in un'altra anima, contenuta in un individuo vivente. Leggiamo nell'*Alcibiade maggiore*: «Non hai notato, allora, che il volto di chi guarda nell'occhio appare riflesso, come in uno specchio, nella parte dell'occhio di chi si trova di fronte, che chiamiamo anche pupilla, dato che è un'immagine di colui che guarda? [...] Pertanto, se un occhio ne contempla un altro e guarda dentro la sua parte migliore, con cui anche vede, può osservare sé stesso? [...] Ma allora, caro Alcibiade, anche l'anima se vuole conoscere sé stessa deve guardare nell'anima e soprattutto in quella parte in cui sorge la virtù dell'anima, la sapienza e in altro in cui essa assomigli? [...] Ebbene, questa parte è simile a Dio, e chi la contempla e conosce tutto ciò che è divino, Dio e il pensiero, giunge a conoscere anche sé stesso il più possibile».[34]

Paradossalmente, se l'IA fosse un organismo vivente, potrebbe rispecchiarsi in un'altra IA e così generare quell'intelligenza affettiva e quella dimensione psicologica che costituiscono l'umano. Ma questo paradosso è anche contraddittorio poiché, se fosse artificiale, non sarebbe vivente. Tutta la fenomenologia dello sguardo e dell'Altro, da Paul Ricoeur e Emmanuel Levinas, da Martin Buber a Roberta de Monticelli, insiste sul fatto che la vita animale e la coscienza personale sono i due limiti estremi irriducibili a qualunque macchina, anche perché, se nello sguardo verso l'altro, io metto me stesso, sto costruendo un legame empatico (essendo l'empatia quella peculiare emozione umana che mi svela l'altro come persona). Risulta difficile immaginarlo tra due macchine.

La mitologia antica ci ha trasmesso la leggenda secondo cui Dedalo era in grado di costruire macchine semoventi,

34 Platone, *Alcibiade maggiore*, 133 AC.

autentici robot *ante litteram* per il re Minosse. Questa notizia ha sempre affascinato i Greci antichi che addirittura pensavano di animare in questo modo le statue degli dèi da offrire al culto. Socrate seguì decisamente un'altra strada. È certamente vero che nei suoi dialoghi con gli scultori e i pittori del tempo (per esempio negli incontri con Parrasio e con Policleto, due star dell'arte dei tempi) egli suggeriva agli artisti di infondere nello sguardo, nelle espressioni del volto, nel movimento, quei caratteri che svelano l'anima: espressioni di gioia e di dolore, sguardi benevoli o di odio e così via, ma è anche vero che questa era solamente una pallida imitazione della vera psiche. Il vero rispecchiamento di sé può darsi solamente da anima ad anima, da occhio a occhio, in un vicendevole sguardo che nello stesso tempo, è svelamento dell'Io e compartecipazione affettiva all'altro. Abbiamo sopra detto di Ricoeur, Levinas e gli altri filosofi dello sguardo, ma ci sono antecedenti nel mondo antico.

Il modello di questo *conoscere sé stessi nello sguardo dell'altro* si ritrova nel passo dell'*Alcibiade maggiore* di Platone, un piccolo dialogo che gli antichi neoplatonici ponevano come introduzione generale alla filosofia.

Vi leggiamo anche queste parole: «Ebbene, che cosa significa prendersi cura di sé, perché spesso, senza accorgercene, non ci succeda di trascurare noi stessi pur credendo di farlo? E quando un uomo si prende cura di sé stesso? Forse quando si prende cura di ciò che è suo, allora si occupa anche di sé?».[35]

E più avanti, richiamando l'oracolo di Delfi, Socrate continua: «Ma è forse facile conoscere sé stessi ed era un buono a nulla colui che ha posto quell'iscrizione sul tem-

35 PLATONE, *Alcibiade maggiore*, 127 E - 128 A.

pio di Delfi oppure si tratta di una cosa difficile e non alla portata di tutti? [...] Se, allora, non è uomo né il corpo né l'insieme di corpo e anima, resta credo, da concludere o che l'uomo non sia nulla oppure che, se è qualcosa, non sia altro che anima. [...] Innanzitutto bisogna ricercare che cosa sia questo sé stesso. Adesso, al posto del sé stesso, abbiamo cercato che cosa sia in sé ogni singolo. Forse basterà, perché non si potrebbe dire che vi sia qualcosa di più alto dell'anima. [...] L'anima, dunque, ci ordina di conoscere colui che comanda di conoscere sé stessi».[36]

Nel dialogo tra Socrate e Alcibiade l'anima vede sé stessa rispecchiata nell'altro, così come l'occhio vede sé stesso in un altro occhio; ma questo non è quello di Narciso che vede sé stesso specchiato solo nell'acqua, cioè in una parvenza riflessa. E che cosa vede lo sguardo nella relazione mediata dai social? Selfie a parte (narcisismo tecnologicamente avanzato, *bit* al posto di acqua), nell'*audience*, nella ricerca furiosa, folle di un pubblico, l'utente di TikTok, di Youtube o di Instagram non instaura nessun dialogo con i suoi follower, ma vuole illuminare l'infosfera con infiniti riflessi narcisistici del suo Io. L'esito di questa attività è una compulsività crescente che sconfina in una *digitopatia*: la stiamo imparando da poco a conoscere ed essa sta già riempiendo i manuali di psicopatologia clinica.

Di tutt'altro spessore era il dialogo filosofico che portava alla cura dell'anima e che si articolava nell'interrogazione continua, nello scambio di domande e risposte, nelle emozioni che si accompagnano, nell'ironia distruttiva di Socrate che vuole mettere in crisi le opinioni consolidate, nella *parrhesia* eversiva (il parlar franco) che con sarcasmo sbatte in faccia la verità in dinamiche relazionali di potere e

36 PLATONE, *Alcibiade maggiore*, 130 C - E.

sottomissione o, nel migliore dei casi, nella maieutica comprensiva che fa nascere nell'interlocutore una verità da sempre conosciuta.

Per questa liberazione dalle catene dell'errore, delle false opinioni, delle abitudini, per questo suo carattere rivoluzionario (una rivoluzione contro qualsiasi forma di abitudine mentale), Socrate fu mandato a processo e a morte, con l'accusa di corrompere i giovani. Ma i giovani di oggi da chi vengono corrotti? Chi è il Socrate contemporaneo? Non c'è purtroppo. La mediazione della tecnologia toglie la carnalità del convivio e la personalità dell'incontro (Ivan Illich addirittura faceva risiedere nell'incontro conviviale la sorgente della creatività umana e, in ultimo, della verità). Insomma, una cena vale più di mille chat.

Io vedo me stesso, vedo il tutto e vedo Dio

Non a caso, Socrate frequentava i simposi alla ricerca della conoscenza di sé e della conoscenza degli altri. Un conoscere sé che è prendersi cura di sé, un conoscere l'altro che è prendersi cura dell'altro. Seguendo Patočka, possiamo dire che la cura socratica dell'anima si è concretizzata nei tre grandi progetti che stanno alla base di tutta la cultura occidentale: il primo è il progetto scientifico, dove cura di sé significa anzitutto potenziare la propria conoscenza, conoscendosi come Io conoscente, un progetto che, distinguendo soggetto e oggetto, intende conoscere l'oggetto per intero, prendersi cura del tutto e, al contempo, conoscere sé stesso.

Accanto al γνῶθι σαυτόν, gli antichi sapienti ponevano anche il motto Μελέτη τὸ πᾶν (prenditi cura di tutto) ed è qui che la filosofia si fa scienza come aspirazione alla conoscenza dell'intero.

Il secondo grande progetto riguarda l'affettività, cioè il rapporto che l'Io, inteso come ragione, instaura con le proprie passioni, cioè con le proprie paure, i propri desideri, i propri piaceri, i propri dolori, i propri amori, i propri odi. Questo è chiaramente un progetto etico-morale, perché la prevalenza delle passioni sulla ragione, potremmo dire la passività dell'Io rispetto al sé, è per Socrate un male, o un vizio. Invece l'autodominio, l'ἐγκράτεια, è il modello di ogni virtù, il coraggio è il dominio della propria paura, la temperanza è il dominio dei propri desideri e così via. Da Platone in poi, questo progetto etico diventa anche un progetto politico poiché la città, la *polis*, è una proiezione della psiche, con le medesime dinamiche. Una città in cui prevalgono le paure sarà piena di violenza, una città in cui prevalgono i desideri sarà una città corrotta che prepara la tirannia.

Il terzo grande progetto è invece di tipo religioso: la cura di sé intesa come un dialogo dell'Io con sé stesso, in cui al fondo della propria anima si ritrova un rapporto con il divino. Quello che Socrate chiamava il proprio demone. Su questo terzo punto, Hadot ha scritto pagine esemplari facendo vedere come gli esercizi spirituali cristiani affondino le loro radici in Socrate e in tutte quelle pratiche ellenistiche di cura di sé che comprendono l'autodiscernimento, l'esame di coscienza, la meditazione sulla morte, l'esercizio della memoria, la lettura, la scrittura e, in generale, l'autodisciplina.

Potremmo dire che la cura di sé come conoscenza ha generato la scienza occidentale, la cura di sé come virtù ha generato l'etica e la politica, la cura di sé come esercizio spirituale ha generato la religione cristiana. Ma è anche vero che questi tre grandi ambiti dell'uomo occidentale corrono il rischio, come spesso succede, di irrigidirsi in forme dogmatiche e sclerotiche. Per riprendere le parole di Giovanni Reale già ricordate, la scienza diventa scientismo, portandosi con sé tutte quelle problematiche della tecnologia, all'interno delle quali si pone anche il rischio dell'IA; la politica diventa totalitarismo, con il rischio che uno Stato totalitario si appropri del progresso tecnologico, per metterlo al servizio del proprio dispotismo, e la religione diventa dogmatismo. Un irrigidimento non meno pericoloso perché non tiranneggia i corpi, ma le anime.

Patočka proponeva, come rimedio, di tornare a Socrate, in quello che lui chiamava platonismo negativo, che è sempre in ogni tempo la risorsa che noi abbiamo a disposizione, giacché tornare alla domanda può servire per rimettere in dubbio una risposta ormai inadeguata. Quindi, il senso dell'interrogazione socratica è anche una formidabile terapia contro ogni scientismo, contro ogni dogmatismo religioso e contro ogni totalitarismo politico, ed è ovvio che questo è un grande pericolo per l'incolumità stessa dei filosofi, un mestiere pericoloso per dirla con Luciano Canfora.

Anche per questo Socrate fu condannato a morte dall'Atene democratica del 399 a.C.; non andò meglio a Patočka che fu portato alla morte nella Praga comunista nel 1977, e per questa ragione è passato alla storia come il «Socrate di Praga».

L'IO contro l'IA: intelligenza naturale, passioni carnali e morte biologica

Da questi tre ambiti che tipo di esercizi possiamo trarne noi? Nel primo caso sicuramente una serie di esercizi di intelligenza che pongano l'IO al riparo dal suo appiattimento su un'IA. Questo significa anzitutto rendersi pienamente coscienti, da un lato della propria vita biologica e della propria morte biologica, cioè della nostra temporalità e precarietà strutturali; dall'altro, del fatto che la nostra coscienza «sa di sapere e non sapere», mentre l'IA non sa di sapere.

Nel secondo ambito, quello morale, gli esercizi di affettività non saranno solo da intendere nel senso classico delle virtù, ma in una sorta di rivalutazione delle paure, dei desideri, dei piaceri, dei dolori, perché una macchina non prova né paure, né desideri, né piaceri, né dolori. Come dice Ferraris, la macchina non ha paura del virus che la infetta, mentre tutti noi ci ricordiamo delle paure di fronte al Covid. Allo stesso modo, la rete può presentarci innumerevoli contenuti che suscitano il nostro desiderio, ma la macchina non desidera: la macchina è potente ma non ha volontà di potenza.

Sul terzo grande progetto, gli esercizi spirituali in senso religioso, oltre a essere sempre validi nella prospettiva della cura di sé e anche della fede, potrebbero essere riattivati in ambiti del tutto inauditi. Prendiamo, ad esempio, la meditazione sulla morte, che è uno dei punti cardine sia del socratismo sia del cristianesimo: Socrate, in punto di morte, riflette sull'immortalità, ogni mistico cristiano ha esercitato la *meditatio mortis* come preparazione alla vita eterna.

Orbene, nell'era dell'IA, in qualche modo la nostra identità sopravviverà alla nostra morte fisica: rimarranno le nostre immagini, rimarrà la nostra voce, rimarranno i nostri pensieri, ma non nel senso classico oraziano per cui «non tutto io morrò» (*non omnis moriar*), ma qualcosa rimarrà nella memoria dei posteri. Ciò avverrà in un senso del tutto nuovo e inquietante per cui la mia immagine, la mia voce, il mio pensiero, potrebbero essere rielaborati da un'IA per far sopravvivere un surrogato di identità che può continuare a intessere relazioni e illudere che io sia ancora vivo. Nell'ultimo esercizio spirituale affronteremo il recente caso della resurrezione virtuale dei Beatles.

Serve una nuova tanatologia che ci faccia rivalutare il senso profondamente umano della morte come caratteristica peculiare del vivente. Baudrillard profeticamente aveva visto una guerra in corso tra mortali e immortali e diceva: «Possiamo fare resistenza in quanto creature mortali».

E ancora: «Gli esseri mortali hanno sconfitto, sopravvivendo, l'indifferenziato immortale. Gli immortali hanno il progetto di ricostruire un universo omogeneo e uniforme... Abbiamo separato la riproduzione dal sesso... ora cercheremo di dissociare la vita dalla morte. La morte diventa una sorta di attrazione ontologica».[37]

Viaggiamo spediti verso il punto oltre il quale non saremo in grado di riconoscere né l'umano né l'inumano. La tecnologia provocherà una dimensione indifferenziata nella quale il simbolo precede il reale, l'informazione precede l'evento. Con il digitale, le cose sprofondano nell'interminabile e si realizza lo sterminio della realtà.[38] Ecco perché morire è naturale, il *mors nihil ad nos* resta insuperabile (Epicuro e Lucrezio). Ci permettiamo però di ribaltare questa saggezza millenaria: *mors totum ad nos,* la morte è tutto per noi. E non si tratta solo dell'essere-per-la-morte come ricerca di vita autentica alla Heidegger. No, non è solo una questione intellettualistica e filosofica, perché porta con sé anche il ricordare la nostra finitezza orgogliosamente come caratteristica esclusiva e peculiare, anche nel momento della morte, che diventa sublime proprio perché unica; è il grande rimosso della nostra epoca ed è il grande, speriamo insormontabile, ostacolo che impedirà di fare di noi semidei immortali costruiti con sostanza sintetica (l'incubo del transumanesimo).

37 J. Baudrillard, *L'illusione dell'immortalità*, Armando Editore, Roma 2007, p. 23.
38 *Ivi*.

Ma riprendiamo Socrate. Nell'ottica di Hadot e Foucault, la cura di sé ha ispirato la saggezza antica come stile di vita e pratica filosofica, in un territorio di confine tra la psicanalisi e la confessione, dove però la cura di sé non ha il senso né dell'assoluzione né della condanna e tanto meno della cura di determinate patologie; si tratta in effetti di una pratica autotrasformatrice che l'Io può fare da sé nella meditazione, nella lettura e nella scrittura (come faceva l'imperatore Marco Aurelio) ovvero nel rapporto tra un maestro e un allievo, nella direzione spirituale, nel *counseling* (come nel rapporto Seneca-Nerone). Su questo dovremo tornare.

Questi ambiti si possono riproporre come cura dai rischi che l'IA minaccia: non solo meditazione, ma anche pratiche di lettura e di scrittura da espletare in assoluta solitudine. Tutto al contrario della cultura della condivisione che è stata la caratteristica peculiare della prima fase storica dei *social*, che oggi invece si nutrono di esibizionismo e contrasti tendenzialmente degradanti. Noi proponiamo lettura e scrittura alla vecchia maniera, con carta e penna, che saranno sempre un recinto sacro dove gli algoritmi non hanno alcun potere.

Passando dalla cura solitaria autotrasformatrice al dialogo interpersonale tra due anime, si aprono tutte quelle forme di relazione, sia in situazioni fisiologiche sia in situazioni patologiche, che vanno dal rapporto tra genitori e figli, tra amici, tra docenti e studenti o tra medico e paziente, tra carceriere e detenuto, tra psichiatra e psicopatico.

Questi sono precisamente gli ambiti in cui Foucault si è maggiormente esercitato, dato che intendeva la cura dell'anima come pratica di soggettivazione, sia nella costruzione del sé, sia nella ricostruzione del sé in quei soggetti che, per varie ragioni, avevano smarrito l'Io. E sono gli stessi ambiti – la famiglia, la sanità e la scuola – in cui l'IA è maggiormente pervasiva, quasi sostituendosi ai genitori, agli insegnanti e ai medici. E, anche su questo, dovremo tornare nei prossimi esercizi spirituali.

Del resto, lo stesso Socrate praticava questa cura dell'altro, non solo nel suo rapporto con gli amici e gli allievi, ma anche con la moglie Santippe, con i figli e con i mercanti che incontrava nell'*agorà* e nella palestra.

Esercizio spirituale numero 2
SII TE STESSO. RITORNARE A PLATONE

L'oscurità di Platone

Forse una delle più grandi eredità del pensiero filosofico di tutti i tempi nasce dalla noia della lunghezza dei viaggi che Platone intraprendeva continuamente tra Atene e Siracusa, nel tentativo, rivelatosi poi fallimentare, di esportare le sue idee politiche illuminate, di giustizia e di democrazia, nella Siracusa dei tiranni. Qui scorgiamo uno dei più grandi misteri di Platone: che cosa ha veramente detto ai suoi allievi? E soprattutto, che cosa insegnava al giovane tiranno? Dioniso il Giovane aveva circa venticinque anni all'epoca del primo incontro con Platone.

È il fascino immortale del Platone non scritto. Sulle cose più importanti non si può scrivere perché, se consegnate allo scritto, rischiano di essere o fraintese o strumentalizzate. Ludwig Wittgenstein molti secoli dopo: «Su ciò di cui non si può parlare si deve tacere»;[39] è l'aspirazione un po' mitologica a una dimensione sacrale, segreta e intima che percorre i secoli, con mille declinazioni, fino all'esoterismo delle società segrete e ai culti satanici. Ma il filone misterico precede anche Platone: che cosa succedeva nelle cerimonie iniziatiche dei Misteri Eleusini, nei responsi degli oracoli e

39 L. Wittgenstein, *Tractatus logico-philosophicus*, prop. 7, Einaudi, Torino 1968 (ed. orig. 1921).

nelle sette segrete dei Pitagorici? Ecco, i Pitagorici, seguaci di quel Pitagora venerato come voce incarnata di Apollo.

È questa la parte in ombra della storia umana e di noi stessi: è la distinzione di Nietzsche tra apollineo e dionisiaco, tra mondo della forma e mondo della vita. Ci abbiamo convissuto per 2.500 anni comodamente; i due mondi, quello divino e quello umano, si possono concepire soltanto come due cose distinte, diverse tra loro come la vita e la morte, il giorno e la notte. L'errore abbandona il mondo conosciuto e si avventura nelle tenebre.

Ora, l'impatto delle macchine può essere devastante: superfici logiche senza increspature, annullamento delle differenze e taglio di ogni irrazionale. Ma siamo poi sicuri che le macchine siano davvero dal lato della luce e non delle ombre, dal lato della razionalità e non della passionalità? Se dovessimo scoprire che esse sanno consapevolmente mentire, barare al gioco, sognare, creare nuovi linguaggi, allora sarebbe la fine della dialettica tra Apollo e Dioniso, ma soprattutto, ciò che più conta, sarebbe la fine della differenza umana perché le macchine avrebbero invaso il mondo della vita.

Per Emanuele Severino, la tecnica è un'illusione che svela il grande errore della mente umana che si illude di poter modificare l'essere immutabile. Magari, aggiungiamo noi, l'essere immutabile rimarrà tale, ma noi creature mortali, mutevoli e imperfette rischiamo davvero di essere surclassate e soppiantate da qualcuno o qualcosa che mente meglio di noi, bara meglio di noi, sogna meglio di noi e si illude meglio di noi di essere in possesso di una potenza capace di impadronirsi della natura.

2.500 anni fa, Platone compie un miracolo in cui sta forse il segreto della sua eterna grandezza: mettere in sicurezza la sua anima oscura, le sue passioni immaginate come cavalli governati dall'auriga-ragione, e trasfondere tutta questa pulsante energia in un esercizio di scrittura e di παιδεία, di educazione. Ecco la vita di Platone, che vuole convertire il tiranno, ecco i dialoghi che vogliono educare l'uomo alla razionalità e che sono l'abbecedario dell'Occidente, per quanto riguarda ogni parte del sapere. Lo strumento che lo ha portato dall'oscuro al chiaro e che gli ha fatto superare la notte della superstizione è la scrittura, proprio quella che stiamo consegnando consapevolmente – e anche con un certo entusiasmo – all'IA.

Come si diventa ciò che si è

«Αὐτὸς ἴσθι, sii te stesso!»[40] Queste sono le ultime parole di Platone nell'edizione completa delle sue opere in cui le lettere, essendo autobiografiche, sono poste alla fine del *corpus* dei dialoghi e «sii te stesso» è l'esortazione con cui si chiude l'ultima lettera, la tredicesima, indirizzata al giovane tiranno Dionigi di Siracusa. Questa chiusa si può collegare all'*Ecce homo* di Nietzsche, che reca come sottotitolo *Come si diventa ciò che si è*.

L'espressione è molto forte perché non può che richiamare il motto di Socrate, maestro di Platone, «Conosci te stesso». Di per sé l'esortazione a «essere sé stessi», cioè a diventare ciò che si è, come dirà Nietzsche, non può che essere una conseguenza immediata del conoscere sé stessi. Detto in altri termini, la conoscenza di sé genera la costruzione di sé, che in termini socratico-platonici, potremmo definire come l'identificazione di un Io che abbia il perfetto controllo sulla propria parte inconscia, una autodisciplina che, a livello antropologico, è il fondamento di ogni etica.

40 PLATONE, *Lettera XIII*, 363 E.

Perché questa esortazione a essere sé stessi è un esercizio spirituale *contro* l'IA? Oltre a tutte le ragioni già esposte, la vicenda platonica ci permette di tratteggiare un'analogia tra la più grande invenzione della sua epoca, cioè la scrittura, e la grande rivoluzione tecnologica dell'IA. E tra le due ricordiamo anche l'invenzione della stampa nel XV secolo che spesso viene paragonata alla rivoluzione digitale.

Come per ogni innovazione tecnologica, Platone percepì innanzitutto i rischi che l'invenzione della scrittura avrebbe portato per l'animo umano rispetto alla cultura dell'oralità che aveva caratterizzato e strutturato tutta la grecità precedente, fino a Socrate, il quale, come è noto, non scrisse nulla, ma esercitò il suo pensiero solo oralmente, nelle piazze, nei ginnasi, nel dialogo vivo interpersonale. Non così Platone.

Dall'oralità alla scrittura: psicofarmaci per la memoria

L'invenzione della scrittura fu percepita da Platone non solo come un'inutile traccia di inchiostro sul papiro egiziano, ma anche come minaccia all'anima vivente e in particolare alla sua memoria. Questo pericolo, connesso alla scrittura, è mirabilmente esposto nella parte finale del *Fedro*, un dialogo sulla retorica in cui Socrate (maschera di Platone) e il giovane retore Fedro discutono sui rapporti tra il discorso scritto e il discorso orale e sull'essenza dell'anima che compone e riceve questi messaggi.

L'ambientazione del dialogo è bucolica ed è un *unicum* nel *Corpus* platonico, poiché Socrate interagisce sempre in città e con gli uomini, e asserisce che gli alberi e la campagna non gli parlano. Invece, il *Fedro* è ambientato fuori Atene, al termine di una passeggiata lungo il fiume Ilisso, a mezzogiorno, sotto il sole cocente dell'Attica, con richiami ai miti che hanno ispirato quei luoghi, e la discussione avviene all'ombra di un grande platano, in una radura con l'agnocasto in fiore, in un'atmosfera assolutamente idilliaca.

La discussione si svolge nei seguenti termini: il discorso scritto, che pure i retori stendevano per poi impararlo a memoria e recitarlo, ripete sempre la stessa cosa, è incapace di rispondere alle domande, ha bisogno del suo autore e non è in grado da solo di difendersi rispetto alle critiche. Per di più, è un veleno per la memoria, perché l'antica cultura orale della poesia in metro, o in versi, era strutturata in modo tale che potesse essere facilmente memorizzata: gli aedi e i rapsodi imparavano a memoria l'*Iliade*, l'*Odissea* e gli altri poemi e non avevano bisogno di supporti cartacei contro l'oblìo. L'introduzione del linguaggio prosaico, tipico della filosofia, delle scienze e della storia, invece, aveva reso assai difficoltoso l'apprendimento mnemonico, per cui il ricorso al testo scritto come supporto alla memoria era diventato indispensabile. Ma attenzione: la comunicazione era sempre orale, i retori scrivevano ma non perché i loro discorsi fossero letti ma declamati oralmente in tribunale o in assemblea; i tragici e i comici scrivevano i loro drammi e le loro commedie ma sempre in vista della rappresentazione teatrale. E, come già detto, i poemi omerici già trascritti sin dall'epoca di Pisistrato, erano fruiti oralmente grazie agli aedi che li declamavano nei simposi o nelle scuole.

Da questa situazione storica, Platone deduce che la scrittura ha a che fare con la memoria, è nata come rimedio contro l'oblìo (φαρμακον τῆς μνήμης, «farmaco per la memoria»). Ora, come ha ben mostrato Derrida, nel suo fortunato testo *La farmacia di Platone*,[41] *pharmakon* in greco è ambi-

41 Cfr. J. Derrida, *La farmacia di Platone*, Jaca Book, Milano 2015.

guo perché significa sia medicina sia veleno e questo è vero sin dai tempi dell'*Odissea*, giacché il *ciceone*, il filtro che Circe prepara per Ulisse e i suoi compagni, è un farmaco negativo, mentre il *moly*, l'antidoto portato da Hermes, è una medicina. La natura del farmaco, pertanto, è ambivalente: può dare la morte come veleno o essere guarigione come medicina.

Questa ambivalenza la ritroviamo nel momento della morte di Socrate, in cui la cicuta è contemporaneamente un veleno per il corpo che provoca la morte fisica di Socrate, ma al contempo una medicina per l'anima, giacché in questo modo essa viene liberata dai legami del corpo per il suo viaggio immortale ultraterreno.

Un dio dona al Faraone l'alfabeto

Al termine del dialogo, Socrate racconta un antico mito egizio a Fedro sull'origine della scrittura: essa sarebbe stata un dono del dio Theuth al faraone Thamus, insieme ad altre conoscenze come la matematica, l'astronomia. Del resto, per gli antichi Greci, ogni progresso umano era in realtà un dono degli dèi, come l'invenzione del vino era considerata un dono di Dioniso all'umanità. Il dio Theuth, che poi verrà identificato con Hermes Trismegisto, offre al faraone la scrittura come farmaco della memoria, cioè come salvezza delle conoscenze rivelate. La scrittura diventa quindi una banca dati, su cui fissare i saperi altrimenti destinati all'oblìo. E qui il faraone risponde che, a suo avviso, la situazione sta in tutt'altri termini: questo dono della scrittura, lungi dall'essere un farmaco della memoria, rischia di diventare un veleno per la memoria stessa. Ma in che senso? Nel senso che gli uomini, abituati a imparare a memoria le conoscenze raggiunte, in questo modo rischiano di smarrire proprio l'esercizio della memoria; potendo fare affidamento a un supporto esterno, svuoteranno la loro mente di quei contenuti e in questo senso la scrittura agisce come veleno, come solvente dei dati che, in questo modo, nella mente vengono smarriti. Ma leggiamo le parole di Platone: «Ho udito, dunque, narrare che presso Naucrati d'Egitto c'era uno degli antichi dèi di quel luogo, al quale era sacro l'uccello che chiamano Ibis e il nome di questo dio era Theuth. Dicono che per primo egli abbia scoperto i numeri, il calcolo, la geometria e l'astronomia, e poi il gioco del tavoliere e dei dadi e, infine, anche la scrittura. Re di tutto quanto l'Egitto a quel tempo era Thamus e abitava nella grande città dell'alto Nilo. Gli Elleni la chiamano Tebe egizia, mentre chiamano Ammone il suo dio. E Theuth andò da Thamus, gli mostrò queste arti e gli disse che bisognava insegnarle a tutti gli egizi. E il re gli domandò quale fosse l'utilità di ciascuna di quelle arti, e, mentre il dio gliela spiegava, a seconda che gli sembrasse che dicesse bene o non bene, disapprovava oppure lodava».[42]

Ma che cosa succede quando si giunse al dono della scrittura?

«Theuth disse: questa conoscenza, o re, renderà gli egiziani più sapienti e più capaci di ricordare, perché con essa si è ritrovato il farmaco della memoria e della sapienza. E il re rispose: o ingegnosissimo Theuth, c'è chi è capace di creare le arti e chi è invece capace di giudicare quale danno o quale vantaggio ne ricaveranno coloro che le adopereranno. Ora tu, essendo padre della scrittura, per affetto hai detto proprio il contrario di quello che essa vale. Infatti, la scoperta della scrittura avrà per effetto di produrre la di-

42 Platone, *Fedro*, 274 CE.

menticanza nelle anime di coloro che la impareranno, perché, fidandosi della scrittura, si abitueranno a ricordare dal di fuori mediante segni estranei, e non dal di dentro e da sé medesimo: dunque, tu hai trovato non il farmaco della memoria, ma del richiamare alla memoria».[43]

Qui sta il grande paradosso di Platone: da un lato denuncia il rischio della scrittura, ma dall'altro ha scritto moltissimo ed è diventato il più grande autore del mondo classico. Da una parte sostiene che la scrittura è un gioco, come il gioco dei dadi o del tavoliere, dall'altra che l'oralità è una cosa seria e lo fa paragonando la scrittura ai cosiddetti giardini di Adone, quelle piantagioni occasionali per le feste Adonie, in cui semi di fagioli, lenticchie e altri legumi venivano fatti crescere al buio nell'arco di una notte per offrirli poi durante le feste in onore della morte di Adone. Queste piantine, però, crescevano velocemente ma altrettanto velocemente si essiccavano.

Per questo esse sono un gioco, così come la scrittura dà l'apparenza del sapere, attecchito però in un terreno poco solido e poco fertile; d'altro canto l'oralità, che per Platone non è uno scrivere sulla carta, ma uno scrivere nell'anima, è paragonata a un seminatore che, prima di deporre i semi nel terreno, lo sceglie accuratamente, lo prepara, lo ara, lo innaffia, in un percorso che è certamente molto più lungo, ma nello stesso tempo molto più fecondo e solido, perché solo in questo modo le piante così seminate potranno crescere e dare frutto. Leggiamo ancora le parole di Platone: «Ora, dimmi un po' questo: l'agricoltore che ha senno farà sul serio seminando d'estate nei giardini di Adone i semi che gli stanno a cuore e dai quali vuole che nascano frutti, e si rallegrerà nel vederli crescere belli di notte e giorno, o

43 Platone, *Fedro*, 274 E, 275 A.

lo farà per gioco e a motivo della festa, seppure lo farà? Invece, i semi dei quali si preoccupa sul serio li seminerà in luogo adatto, seguendo tutte le regole dell'arte dell'agricoltura, contento che quanti ne ha seminati giungano al termine in otto mesi?»[44]

Per comprendere meglio i termini della questione, potremmo dire che la condanna platonica della scrittura è analoga alla condanna della pittura: anche i quadri ci forniscono solo apparenze del vero, potremmo dire per gioco. Ma, in nessun modo, offrono la realtà di quello che imitano. Non possiamo mangiare l'uva dipinta da Caravaggio così come non possiamo coricarci nel letto dipinto da Van Gogh.

La scrittura è un veleno per la memoria umana?

E allora come scrivere? Perché Platone scrisse e come scrisse? Da una parte ha imitato nella scrittura la forma dell'oralità, cioè ha scritto dialoghi riproducendo per iscritto i colloqui reali del maestro Socrate; dall'altra ha scritto lettere dove, pur per il tramite del mezzo scritto, il rapporto è da mittente a destinatario, cioè due anime concrete e viventi: il dialogo epistolare di per sé è abbastanza vicino al dialogo reale nell'oralità, anche se a distanza e anche se mediato dalla carta e dall'inchiostro. Ma, soprattutto, Platone ha scritto in modo tale da lasciare aperte una serie di questioni che pure nello scritto vengono sollevate, in modo da rimanere in dialogo aperto con il lettore presente e futuro, che così sarà stimolato a porsi delle domande, alle quali dovrà trovare da sé delle risposte proprio perché nello scritto non le trova.

44 PLATONE, *Fedro*, 276 B.

L'IA è un veleno per l'intelligenza umana?

Se ci spostiamo al mondo di oggi, è chiaro che il rischio della rivoluzione digitale e dell'IA è quanto meno analogo: se la scrittura cartacea poneva in pericolo la memoria, l'IA pone in pericolo l'intelligenza stessa, naturale. Platone risolse la questione della scrittura sostenendo che l'autore dello scritto possiede sempre cose di maggior valore rispetto a quello che ha scritto, perché sarà sempre in grado di venire in soccorso alle nuove domande e, soprattutto, sarà sempre in grado di riattualizzare in modo nuovo gli argomenti di discussione in base alle esigenze dell'autore, del contesto e delle circostanze. Inoltre, sarà in grado non solo di dire al momento opportuno, ma anche di tacere quando è opportuno tacere.

«Perché, o Fedro, questo ha di terribile la scrittura, simile per la verità alla pittura: infatti le creature della pittura ti stanno di fronte come se fossero vive, ma se domandi loro qualcosa, se ne restano zitte, chiuse in un solenne silenzio; e così fanno anche i discorsi. Tu crederesti che parlino pensando essi stessi qualcosa, ma se, volendo capire bene, domandi loro qualcosa di quello che hanno detto, continuano a ripetere una sola e medesima cosa. E una volta che un discorso sia scritto rotola dappertutto, nelle mani di coloro che se ne intendono e così pure nelle mani di coloro ai quali non importa nulla, e non sa a chi deve parlare e a chi no. E se gli recano offesa e a torto lo oltraggiano, ha sempre bisogno dell'aiuto del padre, perché non è capace di difendersi e di aiutarsi da solo.»[45]

Quindi l'autore dello scritto deve anzitutto ricordarsi di essere l'autore e non deve identificarsi con il suo scritto. Ri-

45 Platone, *Fedro*, 275 DE.

cordarsi di essere autore dello scritto significa anche salvare sé stessi dall'identificazione con i propri prodotti. Se questo era valido allora, a maggior ragione è un rischio che corriamo nell'uso dell'IA per la produzione di testi scritti oggi.

Platone: l'IA gli deve tutto

Nel testo di Chiara Panciroli e Pier Cesare Rivoltella, *Pedagogia algoritmica*, si ricostruisce il rapporto dei filosofi con l'IA proprio a partire da Platone. Gli autori distinguono quei filosofi che già prima della scoperta in matematica degli algoritmi e della nascita dell'IA, si erano occupati della computazione e della soluzione dei problemi a partire da una sequenza data di operazioni, e quei filosofi del Novecento che invece si erano occupati tematicamente dell'IA e dei problemi logici, antropologici ed etici a essa connessi. Platone è il primo di essi: «Sul primo versante, non è difficile riconoscere come già la filosofia greca, nello specifico Platone e Aristotele, si fosse occupata delle regole in base alle quali il pensiero procede: è il caso della dialettica, che in Platone non disciplina solo il procedere del pensiero, ma dell'essere stesso ai suoi diversi livelli, e del sillogismo, con cui Aristotele individua il dispositivo grazie al quale ricavare da premesse date inferenze non contenute nelle premesse. Si potrebbe dire, in entrambi i casi, anticipazioni del pensiero computazionale e delle regole inferenziali che presiedono alla semantica».[46]

Inoltre, gli autori ricordano che uno dei primi programmi di applicazione dell'IA all'istruzione avesse proprio il nome di Plato (*The Programmed Logic of Automatic Teaching*

46 C. Panciroli, P.C. Rivoltella, *Pedagogia algoritmica*, Morcelliana, Brescia 2023, p. 153.

Operations), sviluppato dall'Università dell'Illinois a partire dal 1959 fino al 1994.[47]

Secondo i due autori, i filosofi di oggi che parlano dell'IA lavorano in due direzioni differenti: la prima riguarda proprio la sfida che l'IA lancia all'antropologia, poiché mette in pericolo la centralità dell'uomo nel mondo e la sua assoluta originalità derivante dall'identità e dalla coscienza, cioè dall'esser sé stesso di ogni uomo.

La seconda direzione è invece quella dell'etica dell'IA, cioè uno spazio di ricerca che riguarda questioni applicative e che coinvolge anche la regolamentazione delle aziende e dei mercati.[48]

Noi crediamo che su entrambe queste questioni, cioè l'identità personale della psiche e l'applicazione dell'etica a tutte le sue azioni e relazioni, proprio Platone abbia donato all'unanimità alcuni punti saldi tuttora validi. L'IA non è un IO, non ha una sua psiche, non ha una propria coscienza e soprattutto è incapace di sviluppare una sua etica ispirata alla conoscenza del bene.

47 *Ibidem* p. 54.
48 *Ibidem* p. 157.

Esercizio spirituale numero 3

GODI TE STESSO! RITORNARE A EPICURO

La smaterializzazione del corpo: un viaggio pornografico

Siamo passati dalla liberazione del corpo della rivoluzione sessuale degli anni '60 alla smaterializzazione del corpo nell'era della pornografia digitale. Il viaggio che faremo, le cui tappe sono la sparizione del corpo e la sparizione dell'altro, in uno sfondo di persistente e struggente nostalgia dell'altro, parte da una piccola società di produzione cinematografica di Baltimora, *Dreamland*, messa insieme con un'esigua somma da John Waters e costruita intorno alla figura di esplosiva trasgressività di *Divine*, il primo vero esempio di *drag queen*. Tutti quelli venuti dopo, Platinette compreso, gli devono molto. I film della *Dreamland* erano nati per disgustare; alcuni di questi, proiettati di soppiatto nei campus americani (in quegli stessi campus dove nel frattempo insegnavano Marcuse, Fromm, e i grandi maestri della liberazione sessuale) o, addirittura, nelle sagrestie delle chiese, produssero, più che recensioni positive o successo di pubblico, sanzioni e iniziative giudiziarie contro Waters e i suoi collaboratori.

Ma lo «sporco» marchio del *trash* rimase, così come l'esperienza multisensoriale, per la prima volta proposta al cinema (da una tavoletta si annusava il contenuto olfattivo delle diverse scene del film). Questa idea, apparentemente idiota, è all'origine dell'erotismo digitale immersivo di ultima generazione.

Era comunque pornografia super-materiale, fatta di sensazioni forti, di pratiche immonde che generavano emozioni contrastanti: un vessillo anticonformista e antiborghese nell'America puritana e perbenista del Vietnam. Ma *business is business* – siamo in America – il corpo, i suoi umori e i suoi diversi distretti divennero la base dell'industria del porno californiano.

Il canone di riferimento di questo settore per molti è *Deep through* (*Gola profonda*, 1972). Quel film sdogana la *fellatio*, illecita in molti stati americani (perfino sul piano penale), ed esalta l'orgasmo femminile (fino ad allora sconosciuto a milioni di donne). Il contenuto grottesco e di gusto volutamente *trash* della vecchia *Dreamland* ebbe grosse responsabilità genetiche diventando una delle componenti estetico-cinematografiche di base di *big porno*, tra le più grandi industrie del pianeta. A sentire loro, i pornografi (attori e addetti ai lavori), fare sesso su un set per regalare qualche minuto di godimento a milioni di persone era un'opera di pedagogia, di educazione sessuale, di riappropriazione del desiderio e perfino di costruzione della democrazia.

Nel *Simposio*, Platone parla di Afrodite Pandemia, dea dell'amore e delle prostitute, come sessualità democraticamente offerta al popolo, una pornostar *ante litteram*. Più recentemente, la caduta della Germania est ebbe a che fare anche con la diffusione di contenuti televisivi non censurabili da parte della Germania occidentale, che valicavano il muro tra le due Berlino sulle ali delle frequenze tv. Gianni Vattimo, in una delle sue ultime interviste, sosteneva che i regimi totalitari e teocratici come l'Iran dovessero essere bombardati non con armi di distruzione di massa, ma con giornali e video pornografici.

Ma insomma, il sesso è sempre quello. Quello che è cambiato è la rappresentazione pubblica della sessualità. D'altro canto, in termini etimologici, pornografia deriva da πόρνη che significa *prostituta* e γραφή che significa *scrittura*: quindi rappresentazione pubblica della prostituzione; mentre *osceno* non è altro che il mettere in scena ciò che dovrebbe rimanere nascosto.

Questo originario impulso liberatorio e rivoluzionario si è progressivamente appiattito nel momento in cui la pornografia è diventata un fenomeno di massa a tutti gli effetti: dai professionisti ai video amatoriali, dal senso del proibito alla consuetudine di massa prima con la rivoluzione vhs (individualizzazione delle videocassette) e infine nell'universo digitale.

Allo stato attuale, la pornografia digitale ha segnato un passo in avanti ancora più disumanizzante. Come dice Michela Marzano: «Nella sessualità l'uomo ammette la rinuncia: il desiderio può esprimersi ed emergere nella misura in cui l'altro pone un limite alla nostra voglia di consumarlo. L'altro è allora una presenza che conferma la nostra e ci consente di elevarci allo *status* di soggetto tramite la mediazione del corpo-carne. Dare e prendere sono tutt'uno: si dà prendendo e si prende dando, in una circolazione infinita di avere e non-avere. E se c'è sempre qualcosa dell'altro che si riesce a cogliere, c'è anche una parte che continuamente sfugge, che resta da desiderare. Nel godimento erotico, persiste un difetto, un'assenza».

La scomparsa dell'Altro nel porno digitale

Nel godimento individuale del consumatore di porno, l'altro sparisce: si parla infatti di *autoerotismo*. Aristotele può aiutarci: nella parte perduta della sua *Poetica*, quella sulla commedia, con ogni probabilità Aristotele sviluppava una catarsi delle passioni gioiose. Assistendo a una commedia come quella di Aristofane, per il filosofo di Stagira, lo spettatore ridendo, divertendosi e compartecipando a quel piacere, lo «scaricava»: è l'aspetto liberatorio del riso, ma forse anche del desiderio. È forse una delle prime descrizioni di come una rappresentazione oscena e volgare possa avere effetti benefici sullo spettatore.

Ma la nostalgia dell'Altro continua a mordere l'uomo: la sessualità non è solo piacere ed emozione, ma è la differenza tra essere attori e spettatori. In fondo, su quel palcoscenico (o su quel letto) vogliamo pur sempre entrare. A costo di creare un partner artificiale per i nostri *flirt* e avventure erotiche, per amoreggiare e fare sesso.

Nel 2013 Spike Jonze diresse *Her: l'amante digitale*, un film che incassò il favore del pubblico e della critica, catalogato in ambito fantascientifico-romantico. Oggi, possiamo dire, è pura e ordinaria realtà. È la storia di un uomo introverso e sensibile, col volto di uno straordinario Joaquin Phoenix, che finisce per instaurare un profondo legame col sistema operativo che regola il suo computer, un'intelligenza artificiale capace di apprendere a una velocità impressionante fino a riprodurre la psicologia e l'emozione umana, almeno in apparenza. Il rapporto tra i due evolve in una vera e propria storia d'amore, dove non manca la dimensione erotica e sessuale.

Se è vero ciò che diceva Italo Calvino, ossia che un classico è un'opera che non finisce mai di dire ciò che vuole dire, allora *Her*, almeno nel breve periodo, è sicuramente diventato un classico. E ancora non parlava di metaverso: un posto dove Mark Zuckerberg vuole portarci per condurre una seconda vita molto più efficace della *second life* di inizio millennio e in maniera infinitamente più spettacolare.

Roberto Mordacci commenta così: «Il messaggio filosoficamente interessante di questo film è quindi l'esplorazione della differenza tra le *persone e le coscienze disincarnate*: le persone hanno un corpo e vivono nel tempo, per giunta un tempo limitato. Noi siamo fatti di corporeità e di temporalità, cosa che una macchina evoluta può in qualche modo bypassare o superare grazie alla propria velocità e al fatto di non disperdersi nel tempo. Così, nonostante l'umanissima voce di Samantha, sono proprio i nostri limiti a renderci unici e irripetibili, cosa che a un sistema operativo risulta impossibile. Samantha, infatti, è infinitamente replicabile».[49]

Onlyfans: l'Altro virtuale

Onlyfans, con oltre 85 milioni di utenti registrati, oggi è la piattaforma il cui business centrale è un meccanismo di interattività estrema che consente all'utente di prendere il controllo ed esigere prestazioni quasi sempre sessuali di un soggetto collegato sulla base di un sistema progressivo di pagamento. Siamo molto lontani dalla delicatezza romantica di *Her*.

Certamente l'Altro è tornato, il/la pornostar si è animato ed è a nostra disposizione: tutto si fa pur di non incontrare una persona in carne e ossa. L'aids prima e la pandemia di Covid dopo hanno reso sinonimi *contatto* e *contagio*. La penultima tappa di questo percorso è la sostituzione del/la pornostar in teleconferenza con modelle bellissime e desiderabili, del tutto identiche a quelle in carne e ossa. Questo è, per esempio, il risultato di un artista come *TheRRRealist*, che sul suo sito, *Uberrealistic*, controllare per credere, ha

49 R. Mordacci, *Al cinema con il filosofo*, Mondadori, Milano 2015, p. 159.

pubblicato le immagini di tantissime modelle virtuali, da lui disegnate grazie alla piattaforma AI *Midjourney*, e le cui foto, proprio come su *Onlyfans*, sono vendute a pacchetti.

Ovviamente si teme che le modelle virtuali possano sostituire quelle reali, ma già le possono temporaneamente rimpiazzare in caso di gravidanza o in caso di malattia, perfino di acne e imperfezioni della pelle. È il caso, per esempio, della *creator* Kaitlyn Siragusa, in arte *Amouranth*. La modella, 29 anni e 6,4 milioni di follower, ha infatti deciso di utilizzare un proprio clone fatto con l'IA in una chat in cui questo avatar possa esprimersi in forma vocale o testuale, al costo di 1 dollaro al minuto o attraverso pacchetti da 36 dollari all'ora. Sta accadendo anche in contesti più ordinari, come quello degli influencer, soprattutto su Instagram e Twitter. Sono già decine, infatti, i profili di ragazze virtuali, create con l'intelligenza artificiale che hanno milioni di follower e interazioni. E la stessa cosa vale anche per i ragazzi e per il mondo gay.

Influencer virtuali: Lil Miquela e Eva A. Helling

È il caso di Lil Miquela, quattrocentomila follower, che in uno spot di Calvin Klein bacia la modella Bella Hadid. Lil Miquela su Wikipedia ha una pagina «personaggio immaginario»: è una bellissima influencer, modella e cantante californiana. Ma, prima di essere tutto ciò… è un robot! O meglio, è il risultato di complesse immagini elaborate al computer, con una tecnologia talmente sofisticata da trarre in inganno chiunque entri nel suo profilo.

Eva A. Helling invece ha un link in *bio* da far invidia a qualsiasi influencer umana. Nel suo profilo si possono acquistare magliette con il suo volto, versare denaro o comprare pacchetti in cui «la ragazza» vende i propri contenuti senza censura. I pacchetti di foto sono venduti in abbonamenti che vanno dagli 11 ai 32 euro al mese.

Se, nel breve periodo, le *creators* di Onlyfans non hanno ancora troppo da preoccuparsi, perché i video sono ancora molto grezzi, diverso è il discorso per le influencer. Parliamo di un mondo già sdoganato, da dieci anni: lo stesso profilo di Chiara Ferragni non genera più i traffici in termini di interazioni che aveva un tempo, a ciò si aggiungono le esigenze degli investitori e delle aziende.

Per Adidas o Gucci costa meno affidare a uno staff di specialisti la creazione di un'influencer virtuale con tutte le caratteristiche adatte a compiacere il target di riferimento, piuttosto che dover pagare una certa somma per ogni scatto a una persona, con determinate disponibilità. Le influencer virtuali, inoltre, non si affaticano, non hanno emozioni, non si innamorano (con cali vistosi di produttività), non sono soggette a scandali che possano compromettere l'immagine dei *brand* che pubblicizzano. Possono servire a tempo indeterminato, non si lamentano e possono essere sostituite senza troppi problemi quando la loro popolarità inizia a declinare. Infine, si possono oscurare e spegnere con un clic.

IA girlfriend

Di qui, dall'industria del porno e della moda, ha tratto un grande potenziamento lo sviluppo di app *deep fake* negli altri ambiti dell'infosfera. Pensiamo all'utilizzo di celebrità della politica in false performance sessuali o più semplicemente in dichiarazioni che non hanno mai rilasciato.

Her ha debuttato al cinema nel 2013 e, a dieci anni di distanza, hanno fatto la loro comparsa le app IA *girlfriend*, ovvero app per creare una propria partner con l'intelligenza artificiale.

In primis il rischio è che si possa alimentare la comunità Incel e Redpill, i celibi involontari, maschi etero che non riuscendo a instaurare una relazione sentimentale e ritenendo di avere un naturale diritto a una propria vita sessuale, sfogano la loro frustrazione sulle donne con insulti e commenti sessisti, ritenendole superficiali perché incapaci di andare oltre modelli di bellezza convenzionali. Queste piattaforme sembrano andare in direzione di quanto scritto nel *Manifesto Incel* redatto da Eliott Rodger, autore del massacro di Isla Vista del 2014, dove uccise 6 persone e ne ferì quattordici prima di suicidarsi, in cui inneggiava all'estinzione della donna e alla sua sostituzione con pratiche sessuali e riproduttive artificiali.

Le *communities* di queste piattaforme si stanno riempiendo di commenti dove vengono riportati *screenshots* con conversazioni anche sessualmente esplicite con queste «partner» sintetiche e addirittura foto di matrimoni mai realizzati. In generale, queste piattaforme probabilmente alimentano la violenza di genere: la modalità del controllo ha una valenza intrinsecamente psicotossica.

La nostalgia dell'Altro in carne e ossa

A ben guardare, la contemporaneità ci presenta una spasmodica e disperata ricerca di relazione con l'Altro, una nostalgia dell'Altro che non è cambiata nei millenni. Già Omero ci presenta Ulisse che ha nostalgia di casa, ma questo significa che ha nostalgia di Penelope, di Telemaco, dei suoi rapporti familiari di cui le avventure con Circe, Calipso e Nausicaa sono solo sostitute inautentiche. E le tre surrogate, a cui dobbiamo aggiungere le sirene, facevano tutte parte di un mondo virtuale fantastico: Circe era una maga, figlia del Sole; Calipso era una nereide figlia del Mare; Nausicaa era una principessa di un popolo immaginario, i Feaci. Se ci aggiungiamo le tre sirene, Partenope, Leucosia e Lighea, possiamo rappresentarci Ulisse come immerso in un delirio virtuale: ma il suo cuore ha resistito, ha attraversato il mondo noto e ignoto per tornare dalla sua Penelope, donna in carne e ossa e personalità spartana.

La conclusione del nostro viaggio in compagnia dell'IA è la dissoluzione del corpo e la sua ricostruzione negli automi animati da reti neuronali sintetiche. Si ritiene che ci sia ancora qualche esitazione nei laboratori di sviluppo più avanzati nel conferire un sembiante umano a robot dotati di IA, poiché l'effetto potrebbe essere di sconcertante realismo e portare a un grado fin troppo intenso di interattività uomo-macchina. Ma, nei cassetti degli sviluppatori, già ci sono sirene digitali che, conoscendo sempre meglio (è il lavoro degli algoritmi) i nostri desideri, debolezze e più intime perversioni, ci faranno annegare in un mare di lussuria. Probabilmente faranno di alcuni di noi, visto il loro carattere totalizzante e non affettivo, soggetti affetti da serie psicopatologie della sfera sessuale: se consideriamo che il tempo che dedicheremo a questi «giochi» digitali non è sostituibile, è tempo che per forza di cose sarà sottratto a relazioni umane autentiche. In termini più semplici *porn-addicted.*

La terapia epicurea del desiderio e il vero piacere

La terapia che proponiamo non può che essere un ritorno a Epicuro. Del resto, Martha Nussbaum nel suo saggio epicureo *Terapia del desiderio*[50] affida la disciplina neo-epicurea del desiderio a tre ex prostitute che nel Giardino, la scuola di Epicuro, avevano trovato salvezza: Nikidion, Mammarion e Leonzio.

Se è vero che l'IA è incapace di provare piacere e dolore (per quanto tempo ancora?), è abbastanza evidente che la cura dei nostri piaceri e dei nostri dolori sarà una pratica fondamentale per distanziarci da essa, per salvare l'umano dal letale abbraccio digitale. E il coach, come si dice oggi, al quale ci rivolgiamo non può essere che Epicuro, il grande maestro dell'edonismo antico. Per la parte che riguarda la cura dei dolori, invece, l'altra grande scuola filosofica ellenistica, cioè la Stoa, ha dato il meglio di sé, da Zenone a Seneca, da Crisippo a Marco Aurelio.

Sgombriamo per il momento il campo dalla questione dei dolori. Epitteto suggeriva il motto «*sustine et abstine*», cioè «sopporta i dolori e astieniti dai piaceri», in linea con l'atteggiamento generale che gli stoici avevano adottato come cura delle passioni nella direzione dell'*apatia*, cioè dell'indifferenza nei confronti di qualunque piacere e dolore. Crisippo, con un certo gusto del paradosso, sosteneva che il saggio è felice anche nel toro di Falaride, quel famigerato marchingegno dentro cui l'antico tiranno di Agrigento rinchiudeva i suoi nemici politici per bruciarli e per divertirsi allo stesso tempo, sentendo le loro urla che, amplificate attraverso un rudimentale microfono, sembravano far muggire il toro di bronzo. Crisippo aggiungeva che, se per un malaugurato caso nel toro si fosse trovato un saggio stoico, il toro sarebbe rimasto «muto» per la sua indifferenza rispetto al dolore. L'indifferenza riguardo al dolore era speculare rispetto all'indifferenza nei confronti del piacere. Ciò consen-

50 Cfr. M. NUSSBAUM, *Terapia del desiderio. Teoria e pratica nell'etica ellenistica*, Vita e pensiero, Milano 1994.

tiva agli stoici romani di partecipare continuamente a banchetti, baccanali o *similia*, e di trovare il modo di sfruttare appieno il piacere della tavola e dell'alcova, ma appunto con una quantomeno dichiarata indifferenza.

Di tutt'altro avviso fu l'atteggiamento di Epicuro che potremmo, con linguaggio foucaultiano definire una *cura dei piaceri*, e che è anche un chiodo fisso di Michel Onfray nella sua ricostruzione del pensiero antico come contro-storia della filosofia. Epicuro fu certamente un edonista, cioè convinto che la via per raggiungere la felicità fosse il piacere, ma in un senso molto più sobrio e moderato di quanto proponevano i Cirenaici, una scuola socratica fondata da Aristippo di Cirene che, invece, sosteneva che il piacere, anche il più sfrenato, fosse la via migliore per essere felici in questa vita.

Curiosamente, la rigida teoria degli stoici aveva come controparte un esito lassista nella vita quotidiana a differenza di Epicuro che, pur considerato il teorico della sfrenatezza, invece praticava una vita molto sobria e frugale.

Il quadrifarmaco di Epicuro e il piacere di vivere

Epicuro, infatti, propose il suo *quadrifarmaco* come cura dei piaceri: 1. considera il piacere come qualcosa di facilmente ottenibile; 2. considera il dolore come qualcosa di facilmente superabile; 3. non avere paura degli dèi; 4. non avere paura della morte. È qui la fortunata formulazione millenaria: «la morte non è nulla per noi», che abbiamo già ricordato.

Sotto questo punto di vista è chiaro che la terapia epicurea è nello stesso tempo una cura dei piaceri, una cura dei dolori, un esercizio spirituale contro ogni superstizione e una preparazione alla morte che appunto lui considerava un nulla per l'uomo.

Ma proviamo a ragionare sulla cura dei piaceri. Che cosa è il piacere per Epicuro, al di là delle semplificazioni di comodo o delle interpretazioni di comodo? Come lo si ottiene e in che senso è la via per una vita buona?

Il filosofo del Giardino distingueva innanzitutto tra *piaceri secondo natura* e *piaceri contro natura*: i piaceri secondo natura sono quelli che soddisfano i bisogni biologici elementari (mangiare, bere, dormire, riprodursi...); viceversa i piaceri contro natura sono quelli che derivano dal potere, dal lusso, dall'eccesso e anche alcuni del tutto sorprendenti (per esempio, Epicuro considerava per gli esseri umani contro natura il mangiar carne, sostenendo che la nostra dentatura fosse adatta alla dieta vegetariana).

Tra i piaceri secondo natura, inoltre, distingueva quelli necessari alla sopravvivenza, gli unici da perseguire risolutamente, e quelli non necessari; e tra questi ultimi poneva anche i piaceri sessuali, che sono certamente secondo natura, ma non necessari, perché il singolo può rinunciarvi senza alcun danno per la sua salute. Questa convinzione era basata sul fatto che i piaceri secondo natura e necessari sono quelli equilibrati che mantengono l'organismo in quiete, in pace e in buona salute, più a lungo possibile. Al contrario, i piaceri smodati e violenti rischiano di turbare questo equilibrio e, in fin dei conti, assomigliano ai dolori che appunto sono turbamenti estremi che infliggono al corpo sofferenze e ferite, fino a provocarne la morte.

Vivi nascosto e godi te stesso!

Tra le passioni che provocano turbamento, Epicuro poneva anche il desiderio del potere e la partecipazione attiva alla vita politica e al contrario proponeva come terapia per la felicità il ritirarsi a vita privata, al massimo in un sodalizio ristretto in cui coltivare l'amicizia con pochi intimi.

Λάθε βιώσας (*vivi nascosto*!) era il suo motto più famoso, motto eterodosso per i Greci, popolo comunitario e socievole, che considerava la guerra, la vittoria e la gloria come i massimi successi a cui l'uomo può aspirare.

Il godi te stesso neo-epicureo, ovvero il fermo proposito di riqualificare la propria sfera sessuale, parte dalla constatazione che oggi il piacere sessuale è tanto amplificato in estensione quanto impoverito in profondità. Facile a dirsi nell'era della pornografia diffusa sui cellulari, interattiva, di accesso universale e senza limiti di contenuto.

Che cosa ci dice allora Epicuro? Ci suggerisce di ritrovare nel rapporto sessuale il piacere di dare e ricevere piacere all'interno di una relazione emotiva, di un'unità relazionale di più alto livello. Non godimento fine a sé stesso ma conseguenza di un valore di più alto livello.[51]

Del resto, anche Platone nel *Simposio* sosteneva che quando due amanti giacciono insieme, non è tanto il piacere che deriva dall'unità dei due corpi, quello a cui aspirano – e nemmeno vogliono quella fusione totale che il dio Efesto potrebbe loro donare fondendoli nelle sue fornaci – bensì aspirano a qualcosa d'altro, che sentono, ma che non riescono a esprimere a parole, poiché si tratta di qualcosa di enigmatico e oscuro. Tutto il contrario della pornografia che è ostensione dei corpi, svelamento totale di ogni mistero e di ogni enigma, esposizione dei più reconditi dettagli dell'anatomia umana. L'algoritmo che determina e guida ogni navigazione pornografica, e che crea dipendenza soprattutto nei più giovani, induce una necessità sempre più vincolante e morbosa di scoprire il corpo, che finisce per

51 Cfr. Epicuro, *Lettera sulla felicità*, Einaudi, Torino 2014.

essere depauperato di qualsiasi intenzionalità psichica, erotica e affettiva.

Toccatevi: la riscoperta di un erotismo sensoriale e relazionale

Gli amanti del *Simposio* non puntano alla fusione vulcanica e all'annullamento dell'uno nell'altro, bensì al mantenimento di una tensione relazionale che resta viva solo nella mancata aderenza e nella mancanza di un qualcosa. Questo qualcosa è – per dirla con Almodovar – *La legge del desiderio*. Sempre Platone diceva che l'amore è figlio di povertà, un'assenza che è assente nella presenza del *continuum* digitale privo di increspature, spazi e scansioni temporali.

Dunque, la prima terapia irrinunciabile è riscoprire il senso della relazione interpersonale in ambito sentimentale e sessuale. Del resto, la seduzione è pur sempre una pratica dialogica, se non addirittura maieutica. Una fidanzata virtuale potrà solo produrre l'apparenza, ma non la realtà della relazione. Un visore, pur potenziando gli effetti, non potrà mai sostituire lo sguardo reciproco d'amore; un auricolare pur perfetto nella sua sonorità non potrà mai sostituire le parole sussurrate all'orecchio. Il *touch* o i guanti con i sensori non potranno mai sostituire una carezza; in ogni caso, il potenziamento sensoriale e virtuale attualmente tocca solo la vista, l'udito e il tatto; il gusto e l'odorato sembrano, almeno al momento, essere un territorio di resistenza dei sensi al virtuale sensoriale: il profumo di una rosa donata o il gusto di un bicchiere di vino rosso durante una cena romantica sfuggono ancora alla riproducibilità tecnologica dell'IA. Queste cose non le dice lo psicanalista o l'esperto di percezione umana, ma il già citato Federico Faggin, l'inventore del microchip.

Per non dire della reciproca confessione, tratto caratterizzante del dialogo amoroso che, nel caso di una riproduzione virtuale, può essere solo unidirezionale (in una relazione virtuale io posso certamente «confessarmi» o raccontare le mie esperienze vissute, ma un'IA che vissuto ha? Che cosa può raccontare di sé?).

Godiamoci l'Altro

Eppure, in definitiva, per quanto le imperfezioni dell'IA in campo sentimentale e sessuale siano palesi, ciò non toglie che il livello raggiunto dall'interattività a contenuto erotico-affettivo sia sofisticato al punto da impadronirsi del tempo e delle attenzioni di milioni di utenti, impedendo loro di fatto di sviluppare una vita relazionale affettiva vera, con i suoi piaceri e le sue frustrazioni.

Sono le emozioni a essere una riserva protetta del canone caratteriale, ancestrale e inimitabile dell'uomo. Pensiamo alla coppia pudore/spudoratezza: è un esempio tipico. Nell'umano ci si vergogna, almeno inizialmente, e la dinamica dello svelamento ha bisogno di tempi e riti, ciò che viene meno nell'immediatezza della relazione digitale. Sappiamo anche che, se una modella virtuale arrossisce, lo fa sulla base di una sequenza numerica, ciò che per noi accade in modo spontaneo e terribilmente complesso.

L'individualità cosciente è il recinto sacro in cui rifugiarsi come una cittadella interiore, per usare l'espressione di Marco Aurelio tanto cara ad Hadot.[52] Il nuovo giardino interiore dovrà essere quindi un *hortus conclusus*, un giardino recintato inaccessibile all'IA proprio perché siamo noi che

52 Cfr. P. HADOT, *La cittadella interiore. Introduzione ai pensieri di Marco Aurelio*, Vita e pensiero, Milano 1996.

lo rendiamo inaccessibile. Per dirla con il versetto del *Cantico dei cantici*, lo sposo può entrare nel recinto sacro della sposa solo se è lei stessa a concedergli l'ingresso.

In altri termini, è qualcosa che dipende da noi. Siamo noi a decidere se mettere i nostri desideri e i nostri sentimenti nella piazza virtuale oppure se serbarli in questo sacrario del tempio che sono la nostra coscienza e la nostra memoria naturali.

Del resto, come dice Michela Marzano, «la sessualità è il luogo dello stupore. Ci lasciamo sorprendere dall'Altro e dal nostro desiderio senza sapere esattamente come potrà svilupparsi l'incontro, e questo grazie alla presenza irriducibile dell'Altro che ci rivela ciò che ci manca».[53]

Il godimento di sé, per essere autenticamente umano, deve avvenire insieme al godimento dell'Altro.

53 M. Marzano, *La fine del desiderio*, Mondadori, Milano 2012, p. 23.

Esercizio spirituale numero 4

CURA TE STESSO! RITORNARE A GALENO

Medici virtuali o medici virtuosi?

Vogliamo parlare bene dell'IA? Parliamo di medicina e salute.

L'IA, in fase di apprendistato, è quella che si specializza a riconoscere il volto dei gatti, dopo innumerevoli errori e prove. Ora però può riconoscere anche una maculopatia o un tessuto compromesso da un tumore, prima di quanto possa fare l'occhio umano. Dobbiamo ammettere che, nel campo della salute, l'IA sta dando i suoi risultati più incoraggianti. Qui Big Tech e Big Pharma convergono con volumi di investimenti pari solo ai settori della sicurezza e dell'industria militare. L'ambiente è strutturalmente favorevole: immensi giacimenti di dati sanitari delle popolazioni più evolute e una mentalità globale dei responsabili del settore sanitario, a partire dall'Oms fino ai singoli Stati, soprattutto dopo l'esperienza della pandemia Covid e delle vaccinazioni di massa.

È proprio la grande quantità di dati ciò che serve all'IA: più ce ne sono e più e meglio impara. Ed è proprio quello che i sistemi sanitari nazionali possono dare in pasto agli sviluppatori.

Dice Luca Pani: «L'IA ha il potenziale di rivoluzionare la medicina, dal miglioramento della diagnosi e del trattamento delle malattie alla personalizzazione delle cure mediche».[54]

Il caso del Regno Unito

Il Paese guida è il Regno Unito: già dal 2018 si è posto l'obiettivo di potenziare l'utilizzo di tecnologie a IA all'interno del sistema sanitario nazionale (ben prima, quindi, dello scoppio della pandemia).

Nell'aprile dello stesso anno il governo aveva annunciato un investimento sull'IA di quasi un miliardo di sterline, in collaborazione con aziende americane, europee e giapponesi. Il 20 maggio, il governo di Theresa May aveva in cantiere un piano per finanziare lo sviluppo di tecnologie a IA da utilizzare nella ricerca contro il cancro, in particolare a fini di prevenzione. Il piano si poneva l'obiettivo che almeno 50.000 persone ogni anno ricevessero una diagnosi precoce di cancro alla prostata, alle ovaie, ai polmoni e all'intestino, grazie all'utilizzo di tecnologie in grado di incrociare le cartelle cliniche dei pazienti con informazioni sulle loro abitudini e il loro codice genetico, in modo da individuare chi si trovasse in una fase precoce del cancro, consentendo di rivolgersi a un oncologo prima del manifestarsi di sintomi evidenti.

Nello stesso periodo, l'ospedale londinese dell'University College (Uclh), nella persona del suo direttore della ricerca Bryan Williams, aveva annunciato una serie di progetti in collaborazione con l'Alan Turing Institute per diagnosticare malattie, identificare persone a rischio e indirizzare le risorse attraverso l'utilizzo degli algoritmi. Si è parlato,

54 Luca Pani, professore di Farmacologia clinica all'Università di Reggio Emilia e professore di Psichiatria all'Università di Miami.

per esempio, di un algoritmo di apprendimento automatico che rivelasse se un paziente con dolore addominale potesse soffrire di un problema grave, come la perforazione intestinale o un'infezione sistemica. Già dal 2016, l'azienda DeepMind di Google collabora con il *Moorfields Eye Hospital Nhs Foundation Trust* per aiutare i medici a migliorare il modo in cui le patologie oculari gravi vengono diagnosticate e trattate. DeepMind ha sviluppato una tecnologia IA in grado di identificare automaticamente in pochi secondi le condizioni oculari pericolose per la vista e classificare i pazienti in ordine di urgenza per il trattamento.

Gli algoritmi di apprendimento automatico analizzano le immagini alla ricerca di segni di malattie come la degenerazione maculare e la perdita della vista correlata al diabete. L'azienda afferma che il suo sistema ha eguagliato la precisione degli oculisti con vent'anni di esperienza. Dal 2020 l'ospedale Addenbrooke's di Cambridge è stato il primo ospedale a utilizzare *InnerEye*, un sistema di *deep learning* basato sull'IA di *Microsoft Research Cambridge*, per accelerare il trattamento dei malati di cancro, in particolare di cancro alla prostata, attraverso il calcolo dei dati ospedalieri individuando potenziali tumori molto più velocemente e riducendo le tempistiche del 90%.

Il sistema acquisisce un'immagine di scansione (tutte le scansioni sono rese anonime, quindi i dati del paziente vengono mantenuti privati), delinea la prostata sull'immagine, contrassegna i tumori e riporta i risultati. Questo sta accelerando il trattamento del cancro alla prostata e l'ospedale sta cercando di utilizzare la stessa tecnologia per i pazienti con tumore al cervello. Il medico è enormemente più lento rispetto all'IA. Nel 2021, il *National Health Service* ha imposto a tutti gli ospedali inglesi l'utilizzo della tecnologia a IA di *Heartflow* per le diagnosi di malattie coronariche. La piattaforma IA prende i dati dalla scansione angiografica con tomografia computerizzata coronarica di un paziente e utilizza la tecnologia di *deep learning* e il contributo di analisti qualificati per creare un modello 3D digitale personalizzato del cuore del paziente.

Ad aprile 2023 un team di medici del *South Tyneside and Sunderland Nhs Trust*, guidato dal dottor Colin Rees, consulente in gastroenterologia presso l'Università di Newcastle, nel corso di uno studio denominato *Colo-detect*, che ha coinvolto circa duemila pazienti, ha visto come, utilizzando l'IA durante una colonscopia, questa possa segnalare la presenza di lesioni che altrimenti potrebbero sfuggire a occhio nudo; ha quindi diagnosticato un tumore al colon a Jean Tyler, una donna di 75 anni di South Shields, e ciò ha consentito di portarla al South Tyneside District Hospital dov'è stata curata tempestivamente.

Il caso di Israele

Spostiamoci a Tel Aviv. Uno dei centri medici più avanzati al mondo nell'ambito dell'IA è l'ospedale Ichilov di Tel Aviv che, da molti anni, ha iniziato la sperimentazione con macchinari che sfruttano l'IA. La particolarità dell'ospedale è che ospita al suo interno centri di ricerca in cui viene sviluppato un metodo innovativo testato con macchinari della clinica.

Il professor Dov Hershkwotiz, direttore dell'istituto di patologia di Ichilov, afferma che «collaborando con società esperte di IA abbiamo insegnato all'algoritmo a identificare i tumori: quando sono presenti in un vetrino il sistema li individua evidenziandone l'area nel campione, così il patologo andrà ad analizzare solo quell'area e non tutto il campione risparmiando moltissimo tempo. Ci sono anche cose che i patologi non possono fare. Noi cerchiamo le mutazioni nei tumori, perché a seconda della trasformazione nella sequenza del dna di una neoplasia, il paziente riceve una terapia mirata. "Guarda... questo è un tumore, un adenocarcinoma": questo te lo potrei dire anche io, nessun medico invece, guardando solo questa immagine, potrebbe individuare quale mutazione ha causato questo tumore. Ma se io usassi un algoritmo, che si basa su un database molto vasto, la mutazione verrebbe individuata subito. Un medico ci metterebbe, invece, alcune settimane».

Tuttavia, continua, «non possiamo affermare che l'IA non commetta errori. Non è un sistema perfetto, per questo serve una verifica, ma in molti pazienti questo procedimento ha ridotto drasticamente il tempo della diagnosi. Pochi mesi fa, una malata di 42 anni, mamma di due bambini, arriva qui in ospedale con il mal di testa, aveva una metastasi al cervello; attraverso una biopsia, l'*imagining*, abbiamo trovato una massa tumorale nel polmone che era arrivata al cervello. Usando poi un algoritmo e facendo un doppio controllo, in un solo giorno abbiamo capito di quale mutazione si trattasse: abbiamo così potuto iniziare una terapia evitando alla paziente la radioterapia al cervello che avrebbe potuto avere effetti collaterali. Con questa tecnologia si riduce il tempo dell'inizio della terapia su pazienti con malattie in metastasi da settimane a uno-due giorni».

I medici umani saranno sostituiti da medici virtuali?

Le casistiche virtuose abbondano, probabilmente nel momento in cui scriviamo questo libro il progresso della medicina potenziata dall'IA avrà salvato molte altre vite, e ce ne basterebbe anche solo una per considerarci soddisfatti sul piano etico. Ma questo dovrebbe impedire una riflessione sul tradimento della natura umana, umanistica della pratica medica e del rapporto tra medico e paziente? Perché non si può negare che il grande rischio è la scomparsa del medico come soggetto curante e come terminale ultimo, definitivo e per certi versi anche inappellabile delle decisioni di cura.

Ancora Pani: «Ma ci sono anche dei rischi da considerare: errori di diagnosi o trattamento; privacy e sicurezza dei dati; disuguaglianze nella terapia medica; dipendenza dalla tecnologia; responsabilità legale; deumanizzazione delle cure».

Ne aggiungiamo un altro, potenzialmente devastante: la circolazione in rete di dati riguardanti il nostro stato di salute può avere conseguenze serie sulla nostra vita di cittadini, ovvero quando richiediamo mutui, credito o assicurazione, oppure un posto di lavoro o un avanzamento di carriera.

Ne sanno qualcosa gli ex malati di cancro che non possono accedere a finanziamenti, polizze assicurative o possono accedervi solo a condizioni peggiorative e discriminanti per il solo fatto di essere stati malati.

Non a caso il Parlamento europeo ha invitato gli Stati membri a fare leggi sul *diritto all'oblio oncologico*, il diritto secondo il quale le persone guarite da un tumore possono scegliere di non fornire informazioni sulla loro malattia pregressa.

Il punto è la possibilità di scegliere. E la dialettica sarà tra individuo e società, da una parte la sfera privata, dall'altra un controllo sempre più penetrante. Non dimentichiamo un dato storico: i sistemi di salute pubblica sono sempre stati congeniali alle dittature (in Italia fu il fascismo a introdurre politiche sanitarie di massa) e anche i grandi regimi nazisti e sovietici avevano come ideologi moltissimi scienziati e medici.

È singolare che il primo istituto modernamente totalitario si chiamasse, nella Rivoluzione francese, *Comitato di salute pubblica*.

Il triste caso di Indie Gregory

Indie Gregory, 8 mesi, affetta da una patologia genetica incurabile, è morta il 12 novembre 2023, poco dopo che le erano stati tolti i supporti vitali che la tenevano in vita. È stata legalmente condannata a morte dall'Alta Corte di giustizia britannica (Londra, 9 novembre 2023). La statistica ha vinto sulla biologia e sulla naturale speranza dei genitori. L'istinto di sopravvivenza non riguarda solo l'individuo ma anche le persone amate: i genitori, a maggior ragione, naturalmente vogliono che il proprio figlio si salvi o che viva il più a lungo possibile. E questo è umano, molto umano. Fa riflettere che l'ospedale italiano che si è offerto di curare la bambina si chiami *Bambin Gesù*. Intestazione che, già di per sé, è un programma pediatrico di assistenza. Ma la piccola doveva morire perché i numeri dicono che del suo male si «deve» morire. Sono stati evidentemente più forti della *pietas*.

Il caso è simbolico di una neanche troppo strisciante ripresa dell'eugenetica, ovvero di quella componente fondamentale del nazismo che riteneva che solo gli individui medicalmente sani incarnassero vite degne di essere vissute. Ed è un sinistro segnale: quante Indie ci sono nel mondo? Quante, secondo la dittatura statistica, è consigliabile che muoiano? E fino a che punto si può definire curabile una malattia o gestibile una menomazione? Esiste un indicatore di idoneità sanitaria degli individui che li metta al sicuro dalla possibilità di essere in qualche modo discriminati fino anche alla condanna a morte?

Il green pass nell'era dell'IA: la distopia del biocontrollo totale

Certo è che già oggi l'individuo soccombe di fronte alla sanità pubblica. Pur nelle manifestazioni estremistiche dei no vax e no green pass, c'è in fondo un nucleo condivisibile, una volta separato dalle farneticazioni complottiste e paranoiche. È quello che rivendica la primazia dell'individuo sulla struttura pubblica, financo la libertà di essere malati, oltre a quella di essere curati.

Il green pass è di fatto solo una prova generale di diagnostica massificata con conseguenze civili. Sarà legittimo interrogarsi oggi, fuori dal fuoco incrociato delle polemiche vax-no vax, sulla portata e le conseguenze di una schedatura di massa? La schedatura Covid è stata fatta con mezzi tutto sommato rudimentali rispetto alle possibilità di gestione-dati dell'IA. Fin dove potrà arrivare in termini di penetrazione nei nostri segreti più intimi?

Il marketing ospedaliero non è una novità e spesso la sanità, soprattutto quella privata, è fortemente orientata al rispetto dei *budget* o delle politiche assicurative per cui le patologie rientrano in una scala di valore commerciale. Ma una schedatura clinica elaborata da un'IA potrebbe portare il *must* dell'ottimizzazione gestionale della sanità a conseguenze catastrofiche per l'individuo: un sessantenne non meriterebbe per certe patologie di essere preso in cura come un trentenne. Alla faccia del giuramento di Ippocrate!

Ma la situazione è destinata a peggiorare: capiterà con la medicina predittiva (nuova frontiera in cui viene mappato il nostro dna e predetto il decorso fisiologico e patologico della nostra vita) che ci venga rifiutato un posto di lavoro o un incarico di responsabilità per ragioni mediche e in ultima analisi biologiche. Nel momento in cui siamo ancora perfettamente sani, in pratica, in fondo l'IA ci trasforma in *future*, qualcosa su cui scommettere o meno, sulla base di un pronostico di malattia o morte elaborato su base puramente statistica.

Ma anche la politica, nell'era dell'IA, ha sempre più la possibilità di mutarsi in biopolitica (come denunciano Giorgio Agamben e Roberto Esposito). La *communitas* diventa *immunitas*.

Se i biopolitici degli inizi del Novecento erano preoccupati di allevare uomini sani per farne soldati (il fascismo italiano) uomini superiori (il nazismo) uomini nuovi (il comunismo), il passaggio successivo verso la biopolitica securitaria contemporanea deve cercare le patologie e ci considera tutti potenziali malati e quindi da controllare giorno per giorno. È la malattia, dato universale che riguarda tutti noi e fa parte del nostro destino, che diventa strumento di controllo.

Medico, cura te stesso!

Medice, cura te ipsum! È un'espressione evangelica: si trova, infatti, nel vangelo di Luca (Lc, 4, 23). Luca non era un autore ebreo, era un medico greco di Antiochia. L'espressione è importante perché pone in atto una circolarità virtuosa tra il medico che cura l'altro e che, curando l'altro, cura sé stesso, così come la conoscenza dell'altro è contemporaneamente anche una conoscenza di sé. Si tratta in fin dei conti di rapporti umani personali. Al centro della costellazione sanitaria, l'antichità pone un medico capace di intrecciare una relazione personale e forte con il suo paziente di cui è anche confidente, collaboratore e complice. Inoltre, come vedremo, la scoperta dell'uomo come unità psicosomatica non è né un retaggio di importazione orientale né tantomeno una scoperta contemporanea del mondo *new age*.

Il precetto «Medico cura te stesso» si può estendere a tutta la medicina greca antica, da Ippocrate a Galeno e si può riassumere in due indicazioni fondamentali: quella della giusta misura tra gi elementi fisici del corpo, come salute, e quella dell'equilibrio tra il corpo e l'anima, tra la *psyche* e il *soma,* un equilibrio psicosomatico che oggi potremmo chiamare olistico. Ippocrate aveva sviluppato una teoria della salute e del corpo come equilibrio degli umori (il sangue, il flegma, la bile nera e la bile gialla) i quali a loro volta erano derivati dai quattro elementi fondamentali (aria, acqua, terra e fuoco).

Questo equilibrio risultava dalla giusta misura di caldo e freddo, di secco e umido e, di conseguenza, lo squilibrio era la radice di ogni malattia. A un troppo freddo, un raffreddore, conseguiva un troppo caldo (la febbre) come principio di ristabilimento dell'equilibrio o dell'armonia perduta. Per Ippocrate questo non era solo un principio medico, ma anzitutto un principio ginnico: l'esercizio del corpo nel ginnasio fa sì che esso non sia né troppo grasso né troppo magro, e che raggiunga quell'armonia delle forme che è anche un canone estetico.

Allo stesso modo, la giusta temperatura corporea, né troppo calda né troppo fredda, e il buon equilibrio degli umori, fanno sì che si mantenga la salute del corpo e del carattere; la prevalenza dell'uno o dell'altro degli umori porta infatti o un temperamento sanguigno o un temperamento flemmatico o un temperamento melancolico o un temperamento isterico. Si trattava inoltre di un principio dietetico che portava a un regime alimentare controllato per evitare anoressia o bulimia o una costituzione troppo grassa o troppo magra.

Galeno: una visione psicosomatica olistica

Ippocrate, tuttavia, rimane legato a una visione puramente naturalistica del corpo; Galeno, invece, in epoca imperiale, da medico-filosofo aveva integrato questo principio della giusta misura delle parti fisiche con l'equilibrio del corpo e della mente; a un'integrazione somatica aveva fatto seguire un'integrazione psichica. La sua teoria aveva antiche radici platoniche. La tradizionale tripartizione dell'anima in parte razionale, in parte irascibile e in parte concupiscibile, per Galeno corrispondeva a tre organi ben precisi: il cervello, sede della parte razionale, il cuore, sede della parte irascibile, il fegato, sede della parte concupiscibile. Pertanto, diagnosi, prognosi e terapie delle malattie somatiche avevano l'immediato corrispettivo nelle parti psichiche.

Leggiamo quanto scrive lo stesso Galeno nella sua autobiografia a proposito del suo rapporto con gli imperatori Lucio Vero e Marco Aurelio Antonino, nel quindicennio drammatico della peste antonina nei territori dell'Impero tra il 165 e il 180 d.C.: «Quando cominciò la grande peste, lasciai Roma e tornai a Pergamo. In questo periodo composi i primi libri *Sulle dottrine di Ippocrate e Platone* e solo il primo libro *Sull'utilità delle parti*. Mentre risiedevo a Smirne, scrissi altri tre libri sul movimento del polmone e del torace per far piacere a un compagno di studi che si preparava a tornare in patria dopo il soggiorno all'estero; aveva intenzione, dopo essersi preparato, di fare qualche dimostrazione anatomica, ma il ragazzo morì di peste. Quei libri passarono a certe persone accompagnati dal sospetto che fossero di mia pertinenza, tanto che venne smascherato un tizio che vi aveva aggiunto un proemio, e quindi ne dava lettura come se fosse opera sua».

Accertiamo da questa citazione che risale al II secolo d.C.

che il plagio scientifico letterario era già in voga! Ma, a parte questo, vediamo il modo di operare di Galeno che, da un lato aveva fatto tesoro del bagaglio di conoscenze mediche di Ippocrate e delle scoperte filosofiche di Platone ma, dall'altro lato, incrementava le sue conoscenze con l'esperienza diretta e la pratica medica durante la quale faceva nuove scoperte anche in occasione dell'epidemia di peste che mai si era vista fino ad allora.

«Stabilitomi in patria dopo il ritorno da Roma, mi attenni alle occupazioni consuete. Presto arrivò, però, da Aquileia una lettera degli imperatori che mi richiamavano. Avevano deciso, passato l'inverno, di marciare contro i Germani. Fui dunque costretto a mettermi in viaggio, pur sperando di vedere accolta una richiesta di esonero [...]. Appena fui arrivato ad Aquileia, la peste colpì come mai prima, tanto che gli imperatori fuggirono subito verso Roma insieme con pochi soldati, mentre noi, i più numerosi, a lungo stentammo a salvarci; ma la maggior parte morì non solo per la peste, ma anche perché tutto questo accadeva in pieno inverno. Lucio Vero ci lasciò durante il viaggio e Marco Aurelio fece portare il suo corpo a Roma per celebrarne l'apoteosi.»

Galeno e Marco Aurelio: come ci si comporta con un paziente

Galeno operò in stretta collaborazione con l'imperatore Marco Aurelio, come evinciamo da questo brano autobiografico: egli volle il migliore dei medici del tempo per aiutarlo ad affrontare un'impresa militare nel pieno di un'epidemia, quindi ad altissimo rischio di vita. La simbiosi medico-paziente, che vediamo nel rapporto tra Galeno e Marco Aurelio, ha attraversato i secoli fino a giungere a noi: il medico di base era diventato una persona di fiducia, una fonte di rassicurazione, consigli e aiuti, un amico di famiglia. Oggi tutto questo sembra scomparso: due milioni di italiani sono senza dottore ed entro due anni si prevede che saranno cinque milioni quelli scoperti, proprio mentre aumentano i cittadini anziani (naturalmente fragili e bisognosi di rassicurazioni anche solo psicologiche) che non trovano alcun supporto personale o relazionale.

Per Galeno l'attività del medico non era tanto una professione ma una vocazione basata sulla religione e sul culto di Asclepio, il dio della medicina.

«Poi (Marco Aurelio) cominciò a preparare la spedizione contro i Germani; teneva molto a portarmi con sé, ma si lasciò convincere quando mi sentì dire che il dio Asclepio ordinava il contrario: me ne ero dichiarato cultore da quando mi aveva salvato da una letale predisposizione a un'ulcera. Si piegò al volere del dio e mi ordinò di attendere il suo ritorno; sperava di venire rapidamente a capo della guerra. In seguito, lui stesso partì, lasciando il figlio Commodo, che ancora era un bambino molto piccolo, e ingiunse ai suoi pedagoghi di conservarlo sano ma, se si fosse ammalato, di chiamare me per curarlo. Durante questo periodo raccolsi e ricondussi a una struttura stabile sia quello che avevo imparato dai maestri sia quello che io stesso avevo scoperto analizzando la pestilenza. Portai inoltre avanti le mie ricerche e scrissi molte opere intorno a ciò che ero venuto scoprendo cimentandomi in vari problemi filosofici e medici; ma la maggior parte di questi scritti andò perduta nel grande incendio in cui bruciarono il tempio della Pace e molti altri edifici [...].»

Il medico antico non era solo un curatore, storico della medicina e ricercatore, ma anche medico pedagogo e persona degna di una tale fiducia da vedersi consegnato in cura il figlio dell'imperatore ed erede al trono di Roma. Ma c'è di più: il medico è anche filosofo (che è anche il titolo di un'opera di Galeno). Se Galeno si riferisce ad Aristotele per il suo impegno propriamente scientifico (ricordiamo che lo stesso Aristotele era figlio di un medico), per l'aspetto filosofico è certamente platonico, cioè per il principio che non si può curare il corpo senza curare nello stesso tempo l'anima.

Questo assunto era già presente in un breve dialogo platonico, il *Carmide* in cui Socrate ha a che fare con un giovane che soffre di una forte emicrania.

Platone: pieni voti anche in medicina

Eccoci arrivati a Platone: «Ragazzo, chiama Carmide e digli che voglio presentarlo a un medico che può curare quel mal di testa di cui poco fa si lamentava con me. [...] Prima, infatti, mi raccontava di provare mal di testa da questa mattina, quando si è alzato: hai qualche obiezione a farti passare per un esperto di rimedi per questo disturbo?»[55]

Come curare questo mal di testa? Qual è il farmaco più adatto? Essendo un mal di testa, per Platone si tratterebbe di una patologia dell'encefalo da curare con una sostanza fisica e, infatti, il primo farmaco proposto è un filtro di origine nordica.

«Risposi che si trattava di un'erba, a cui si doveva accompagnare un incantesimo; e, se qualcuno lo pronunciava mentre si serviva di essa, allora il farmaco risultava efficace, in caso contrario, l'erba non arrecava alcun giovamento.»[56]

Si aggiunge qui un'altra annotazione del medico: la sua

55 PLATONE, *Carmide*, 155 B.
56 *Ivi*.

pratica non è solo chimica ma addirittura incantatoria. Il cervello è anche la sede della parte razionale dell'anima e quindi non soffriamo solo di un mal di testa ma anche di un male dell'anima, una psicopatologia; e quindi ci vuole anche una cura dell'anima, quello che Socrate chiama l'*incantesimo* della filosofia, da affiancare al farmaco di composizione chimica.

Leggiamo ancora le sue parole: «Come forse hai sentito già dire anche tu, a proposito dei medici valenti, se qualcuno va da loro perché ha male agli occhi, essi gli dicono che non si possono curare gli occhi da soli, ma bisogna curare contemporaneamente anche la testa, se si vuole che i primi tornino a essere sani e che il credere di poter curare la testa di per sé stessa, senza tenere presente il corpo nel suo insieme, è veramente insensato [...]. Come non si devono curare gli occhi senza prendere in esame la testa né la testa indipendentemente dal corpo, così neppure il corpo senza l'anima e questa sarebbe la ragione per cui ai medici greci sfugge la maggior parte delle malattie, poiché essi trascurerebbero di prendersi cura della totalità dell'uomo, senza la cui piena salute non è possibile che la singola parte sia efficiente».[57]

Questo significa che anche gli altri squilibri somatici sono necessariamente sempre squilibri psicosomatici, da curare per il platonico Galeno non solo con le pozioni corrispondenti, ma altresì con le virtù corrispondenti (il coraggio come virtù corrispondente alla parte irascibile, la temperanza come virtù corrispondente alla parte concupiscibile). Del resto, l'intemperanza, soprattutto nel campo sessuale, è per Galeno il principio di molte patologie collegate alla sessualità e quindi alle corrispondenti terapie.

57 *Ivi*.

Vegani, 500 anni prima di Cristo

Questo sopralluogo nell'antichità ci fa scoprire anche che, per gli antichi Greci, prima ancora della medicina, sono importanti la dieta e la ginnastica. È decisivo, per stare bene, quello che oggi chiameremmo lo stile salutare di vita.

La tentazione di dire che non è stato scoperto nulla di nuovo nel campo della prevenzione è forte, ma certo è che il collegamento stile di vita-salute non è cosa nuova anche se a molti sembra una moda iniziata grossomodo nella seconda metà del Novecento.

Ben prima di Master e Jonhson e Kinsey, i medici Ippocrate e Galeno e i filosofi Platone e Aristotele avevano già esplorato ogni recesso della sessualità umana e lo avevano messo in relazione al regime di vita e all'alimentazione. Oltretutto, aggiungiamo che anche l'alimentazione vegana è antichissima: esisteva già cinquecento anni prima di Cristo, praticata nei circoli pitagorici.

L'epistemologia contemporanea dovrebbe educarci a una storia della scienza, perché in fondo anche un'impresa scientifica è un'impresa umanistica, e quindi la medicina stessa è anzitutto una disciplina umanistica. Molti di noi sono gentiliani nella loro struttura culturale dato che nelle scuole c'è una divisione netta tra discipline scientifiche, che non avrebbero storia, e discipline umanistiche che invece sono storiche. Anche al vero si arriva per gradi e anche la matematica ha una storia piena di errori.

E la fisica? Ce ne sono state almeno quattro (aristotelica, newtoniana, quantistica ed einsteiniana). Ma tutto questo si perde con Wikipedia e tanto più con le ricerche gestite da IA: ci sfuggirà per sempre la dimensione storica dell'impresa del sapere umano, perché non ci verrà richiesto alcuno sforzo di connettere dati, fonti, testimonianze, nessi causali.

Tra poco, dice Bill Gates, sarà anche inutile l'atto del ricercare sul web: ogni domanda, prima ancora di essere compiutamente formulata, avrà una risposta che incorporerà anche quell'azione mentale faticosa del porsi le giuste domande, selezionare fonti, discriminare tra contenuti e possibili errori, insomma quell'ascensione al sapere che tiene la nostra mente in stato di vigilanza costante e l'abitua allo sforzo.

Sos medici: troppa informazione, poca competenza

Anche la diagnostica gestita dall'IA, per tornare in ambito medico, rischia di smarrire questo processo dove il medico e il ricercatore coincidono (come abbiamo visto con Galeno). Rischia di perdersi il processo scandito per tappe dell'anamnesi, della diagnosi, della prognosi e della terapia che appunto è un processo temporale teorizzato da Galeno, dove non avviene tutto subito ma si ha un avvicinamento per gradi alla verità clinica e alla prassi terapeutica. Questo processo consente anche al paziente di adattarsi alla nuova situazione della malattia e di affidarsi al medico (che oltretutto ha una memoria storica delle patologie genetiche) con spirito se non di amicizia, di totale fiducia.

La diffusione di contenuti specialistici online e la democratizzazione demoliscono, inoltre, il ruolo degli addetti ai lavori e, non a caso, sale il livello di conflitto a volte con esiti violenti tra pazienti, parenti e medici e paramedici. E molti reparti sono diventati a rischio per chi ci lavora. Anche il mondo no vax nasce da un eccesso di informazione medica diffusa: il fai-da-te dell'autocura fa da *pendant* con l'uno-vale-uno che mina alla base la democrazia stessa nel miraggio di una governance senza mediazione e a scapito di qualunque competenza, sia politica sia professionale.

Torniamo a Marco Aurelio: nei suoi pensieri integra alcune pratiche filosofiche con i suggerimenti medici, e lo fa in un clima drammatico: imperversava, come abbiamo visto, la prima grande peste dell'Impero romano, e l'imperatore si preoccupa non solo dei rimedi per la salute del corpo ma anche di vaccini per l'anima per resistere di fronte all'epidemia e alla morte (lui stesso sarebbe morto di peste nel 180 d.C.). Egli scrive: «Una persona di animo elevato dovrebbe uscire dalla vita senza conoscere il sapore della menzogna, di qualsiasi forma di ipocrisia, mollezza e vanità. Spirare, per lo meno, provando nausea per queste cose è, in mancanza di altro, la seconda navigazione da scegliere. Oppure la tua scelta era proprio di restare ancorato al male, e neppure l'esperienza ti persuade ancora a fuggire dalla peste? Perché è veramente peste la corruttela della mente, molto più di quella perniciosa alterazione dell'aria che ci circonda: questa, infatti, è la peste degli esseri viventi in quanto tali, mentre quella è la peste degli uomini in quanto uomini».[58]

La corruttela della mente è ciò che sta più a cuore a Marco Aurelio: l'imperatore si preoccupa che la morte ci colga preparati e non attaccati morbosamente a questa vita e ci ammonisce che la peste vera è quella morale e non quella batterica. Grazie anche all'IA e ai progressi della medicina generica predittiva e della biotecnologia o bioingegneria è ormai assodato che nel 2050 l'età media supererà molto facilmente i 100 anni.

Come ha affermato Cristina Pozzi, 37 anni, imprenditrice, *advisor* e *angel investor* nel libro *2050: Guida (fu)turistica*

58 Cfr. Marco Aurelio, *Pensieri*, Bompiani, Milano 2008.

per viaggiatori nel tempo, nel 2050 mangeremo alimenti fatti in laboratorio, potremo scegliere il corredo genetico dei nostri figli, vivremo fino a 150 anni e qualcuno abiterà addirittura su Marte. Secondo la rivista accademica *Nature Communication*, del resto, il limite massimo posto dalla biologia si trova intorno ai 150 anni di vita.

Il tema è quindi quello di allungare il tempo della vita, ma con quali conseguenze sulla psiche, sulla personalità, sui comportamenti, sulle relazioni, di persone che hanno 100 o più anni? Quale nuovo tipo d'uomo con i capelli bianchi ma i polmoni di un trentenne e il sangue di adolescenti sta nascendo nei laboratori californiani, indiani, cinesi, israeliani?

Torniamo sulla seconda navigazione. Giustamente Marco Aurelio ricorda la seconda navigazione omerica e platonica, che significa la scoperta di un mondo spirituale superiore al mondo fisico-sensibile; la prima navigazione di Ulisse (e di Socrate) era quella affidata al vento e al mare, cioè agli elementi dell'acqua e dell'aria. E questa prima navigazione nel racconto letterario di Omero fa naufragio; mentre nella metafora platonica non riesce a spiegare veramente la natura del cosmo e dell'uomo. La seconda navigazione è, invece, quella che Ulisse fa con una zattera e con le sue braccia e quella che Socrate mette in atto con la sua mente e con le sue sole forze intellettive alla scoperta di un mondo ulteriore che è il mondo dell'anima e delle idee. La seconda navigazione significa a livello cosmologico tenere insieme le idee e gli elementi naturali nel mondo; a livello antropologico, significa tenere insieme l'anima e il corpo. Ed ecco quella preoccupazione più che legittima affinché il contenuto del Superuomo che si va preparando non sia solo di tipo funzionale e organico: occorre una morale anche per la cura della sua anima.

Il triangolo salvavita: medico-infermiere-paziente

Uno degli aspetti più importanti della medicina olistica deriva da un corretto rapporto medico-paziente e dai rapporti immediatamente a esso collegati come il rapporto medico-infermiere e il rapporto infermiere-paziente.

Si tratta di un triangolo autenticamente umano in cui il paziente non è un numero o una cartella clinica o un caso da studiare, da risolvere ed eventualmente da archiviare, ma una persona con una sua storia, un suo vissuto, una sua aspettativa di vita.

Dai brani che abbiamo letto sia platonici sia galenici sia di Marco Aurelio, risulta evidente che l'approccio olistico-psicosomatico-integrale alla terapia affonda le sue radici nella cultura medica più antica. Di questa tradizione umanistica della medicina che cosa resta? L'IA in ambito medico sarà in grado di soppiantarla del tutto?

Proprio qui intravediamo le maggiori criticità dell'IA in campo sanitario. Orietta Calcinoni, otorinolaringoiatra e foniatra, da vari anni propone un approccio interdisciplinare alla pratica ambulatoriale, per considerare il paziente nella sua integrità. Lei ha ben presente il contributo delle IA come strumento di supporto al medico, ma non di sostituzione.

«Mi viene subito in mente il fenomeno dell'autodiagnosi o meglio della prediagnosi. Se un tempo il paziente andava dal medico perché sentiva un dolore o non comprendeva un sintomo, oggi, anche grazie alla libera circolazione delle enciclopedie mediche digitali, il paziente viene da noi pensando di sapere già che cos'ha, quando magari ha tutt'altro. È compito del medico dissuaderlo e portarlo nella giusta direzione. Questo perché noi medici abbiamo la capacità di dubitare, in quanto esseri umani, mentre questa capacità una macchina non ce l'ha. L'IA non mette mai in dubbio una richiesta, non la pondera, la processa. Quindi non è in grado di capire se un paziente stia inventando o stia dicendo la verità. Bisogna considerare che la comunicazione umana non è solo vocale ma è fatta anche dello sguardo, della postura, dell'esitazione della voce, del colorito della pelle. Tutti aspetti che la macchina non riesce a cogliere. Per questo motivo approvo che la biomedica si stia aprendo anche a filosofi e psicologi. Se vogliamo creare un'IA che funzioni deve contenere aspetti dell'umano.»

Neuroscienze cognitive e robotica: quando l'IA indossa il camice

In Italia, nel cuore della Brianza, l'azienda Oversonics in collaborazione con l'ospedale di neuroriabilitazione Santa Lucia di Roma, primo Irccs italiano per la ricerca in neuroscienze, ha l'ambizione di rendere la robotica cognitiva un bene comune al servizio dei pazienti. Ma di che cosa si tratta? Produzione di robot capaci di interpretare l'ambiente, le emozioni e le reazioni degli umani ed eseguire compiti corrispondenti. Sul piano della neuroriabilitazione, il robot umanoide *RoBee* affiancherà neuropsicologi e logopedisti in sessioni di neuroriabilitazione cognitiva per persone colpite da ictus cerebrale. Nello specifico, con il robot si possono fare esercizi dedicati ad attenzione, memoria, linguaggio e funzioni esecutive, ciò che farebbe un operatore umano specializzato.

In più il robot aiuta in corsia per attività di supporto agli operatori sanitari a favore dei pazienti (rilevazione parametri vitali, interazione verbale e segnalazione di emergenze) e assistenza al paziente (gestione appuntamenti e supporto alle relazioni dei pazienti con l'esterno).

«I *robot sociali* sono destinati a divenire parte integrante della nostra vita», afferma Fabio Puglia, presidente di Oversonics. «A differenza dei robot di servizio autonomi, capaci di svolgere un numero limitato di compiti senza la supervisione umana, questi nuovi sistemi presentano abilità avanzate di manipolazione di oggetti e processi cognitivi simil-umani.»

Da una parte il robot impiegato per la neuroriabilitazione neurologica dei malati postictus, dall'altra un viaggio in una realtà virtuale immersiva e si suppone curativa per gli anziani. Un visore per far ritrovare a queste persone di età avanzata il piacere di essere di nuovo in mezzo alla natura. È stato proprio un supporto con immagini virtuali in 3D a dare la possibilità a una trentina di ospiti della struttura Apsp Margherita Grazioli di Povo, a Trento, di immergersi in un ambiente naturale, senza dover uscire.

Gli anziani con problemi di deambulazione hanno potuto scegliere come e dove vivere l'esperienza: in un contesto montano, di campagna o al mare; se vedere il tramonto, l'alba, aggiungere al paesaggio le nuvole, la pioggia, la neve, o il prato con animali, fiori, piante, alberi; osservare corsi d'acqua o cascate; o ancora se ascoltare una melodia classica o la musica leggera e aggiungere il suono della pioggia, del vento, il canto degli uccelli. Il risultato è stato un aumento dello stato di rilassamento degli anziani, una riduzione dell'ansia e «l'ipotesi che la realtà virtuale possa servire per ridurne l'isolamento e incrementare il coinvolgimento in attività ricreative e utili per il benessere» spiega Susanna Pardini, dottoranda presso il Digital health and Well being center della Fondazione Bruno Kessler di Trento, autrice di uno studio sull'esperimento.[59]

59 Articolo pubblicato su *Changes*, magazine del gruppo Unipol, di Elisa Venco Mantovana.

Badanti digitali

E non può mancare la badante digitale: in uno studio condotto dal centro EuracResearch di Bolzano, 36 individui altoatesini di età compresa fra i 65 e i 94 anni hanno testato per un anno il funzionamento di un kit domotico composto da vari oggetti connessi in rete: un tablet, un orologio con segnalatori di emergenza e sensori posizionati in punti strategici della casa. Questo sistema integrato si è rivelato utile per monitorare le abitudini dell'anziano, controllare i suoi parametri vitali, agevolarlo nelle attività quotidiane e allertare i soccorsi in caso di emergenza.

Se, ad esempio, una persona fa abitualmente colazione tra le sette e le otto di mattina e alle nove non ha ancora aperto il frigorifero, il sensore attaccato al frigo invia un messaggio al suo tablet per accertarsi che non sia successo nulla. Se la persona non risponde entro 20 minuti il sistema invia un *alert* a un parente o a un *caregiver*, in modo che qualcuno possa sincerarsi delle sue condizioni. Altri sensori comandano l'accensione automatica della luce quando l'anziano si alza di notte o l'emissione di un segnale acustico quando una pentola viene dimenticata sul fornello acceso.

Ma lo step successivo e quello più impressionante ha il nome di robot sociale. Si sta diffondendo a gran velocità ma uno dei prototipi sperimentali più riusciti si chiama *Nadine*.[60]

Per qualche giorno ha intrattenuto e divertito 29 ospiti over 60 della casa di cura Bright Hill Evergreen di Singapore. In particolare, a *Nadine* è stato affidato il compito di gestire le partite di bingo. Tutte le sessioni di gioco condotte dal robot sono state filmate, in modo da confrontare le reazioni, le espressioni e i comportamenti dei partecipanti con

60 Cfr. www.wired.it/attualita/tech/2016/03/15/nadine-umanoide-puoi-stare-antipatico/.

quelli registrati mentre la stessa attività veniva condotta da esseri umani.

Ne è emerso che gli anziani si divertivano di più in compagnia del robot: il loro volto appariva più felice e sorridente, la loro attenzione era più alta e si distraevano meno, evitando di rivolgersi al personale per qualsiasi necessità. *Nadine* è uno dei prototipi sperimentali più riusciti di robot sociali, capaci di interagire in maniera sofisticata con gli umani, anche grazie a un aspetto antropomorfico e forte realismo somatico (pelle morbida, capelli castani, voce suadente, occhi espressivi). Ma siamo sicuri che tutto questo sia effettivamente un progresso nel campo della geriatria e della gerotecnologia?

Abbiamo qui tre problemi differenti: l'obiettivo di mantenere un buon grado di funzionalità cognitiva in pazienti anziani ma sani; il contrasto terapeutico di forme di degenerazione patologica; il contenimento e la cura delle vere e proprie psicopatologie. A unificare i tre problemi vi è – e qui il riferimento a Foucault è d'obbligo – lo smarrimento della soggettività. In una filosofia umanistica, come quella a cui ci rifacciamo, la risposta resta univoca anche in presenza di casi molto diversi tra loro: l'approccio umano, la cura della persona nella relazione, nel dialogo, nel rapporto a tu per tu.

In effetti, un vero e proprio processo di ri-soggettivazione, per come lo pensava Foucault, necessita di un dialogo a tu per tu, di un rapporto relazionale basato sui processi classici della psicologia clinica, della psichiatria e della psicanalisi.

La psicoterapia come recinto sacro della pratica medica personale

Nella relazione terapeutica tra lo psicologo e il paziente si instaura un processo come il *transfert*. Le sensazioni derivanti dalla presenza corporea di entrambi (ansia, paura, rabbia, ecc.) in nessun modo possono essere riprodotte da una IA, anche la più sofisticata. Lo psichiatra potrà forse essere sostituito tra cinquanta anni da un robot, al limite per formulare diagnosi sulla base di protocolli dati, ma certamente la psicoterapia resterà un recinto sacro inviolabile della pratica medica in quanto relazionalità personale.[61]

L'IA non crea nuovi problemi bioetici, semmai estremizza questioni che sono già sul campo: aborto, eutanasia, accanimento terapeutico, utero in affitto, vaccini. Così come in ambito giuridico la norma nella sua generalità e astrattezza può assumere nel concreto della vita configurazioni aberranti, allo stesso modo la medicina predittiva potenziata e gestita da IA, i cui effetti sono ingigantiti nell'estensione delle casistiche e nell'accuratezza delle diagnosi, può tramutarsi, come abbiamo visto, in strumento di eugenetica: il sacrificio di tutti coloro che non soddisfano gli standard biologici e sanitari.

Nei casi estremi, per esempio sospendere o no l'alimentazione, la soluzione non è e non dovrebbe essere mai predeterminata, ma dovrebbe avere a che fare con la storia del singolo caso e con le circostanze concrete che si stanno cristallizzando in quel preciso momento, in quella precisa casa o in quel preciso letto di ospedale. In astratto non ha senso un accanimento terapeutico che prolunghi di qualunque ora la vita di un malato terminale. Ma chi lo dice se quelle poche ore servono a uno dei figli per dare un ultimo saluto in vita a un padre?

Ciò che sta succedendo in verità è che l'automazione medica miete i suoi successi e consolida le sue applicazioni (soprattutto diagnostiche) proprio nel momento in cui, nel

61 Paola Capozzi, psichiatra e psicanalista.

nostro Occidente evoluto, mancano sempre più medici e risulta sempre più difficile una visione diagnostica complessiva sul singolo paziente, a causa dell'estrema specializzazione della formazione medica.

Ritornare a Galeno significa ritornare a una medicina autenticamente umana.

Esercizio spirituale numero 5

AMA TE STESSO! RITORNARE AD AGOSTINO

Una IA per amico?

Al summit di Bletchley Park, da cui siamo partiti, Elon Musk ha annunciato la sua nuova IA di nome *Grok*. Poco dopo aver richiesto ai leader del mondo una moratoria pluriennale per sospendere ogni attività di ricerca e sviluppo dell'IA generativa – una minaccia il cui ritmo di affermazione va contrastato e bloccato – oggi, con un certo disprezzo della coerenza e con sorprendente disinvoltura, ci comunica che la sua nuova IA sarà una «forza del bene».

Inoltre, per Musk raggiungerà livelli così avanzati da diventare un giorno «la migliore amica di ogni persona». Al premier inglese Rishi Sunak l'imprenditore ha fatto l'esempio di uno dei suoi figli che ha problemi nell'apprendimento e che ha difficoltà a trovare nuovi amici: «Una IA per amica sarebbe grandiosa per lui».

Immaginiamo la faccia di qualsiasi serio educatore di fronte a questo programma pedagogico. In tal senso, dice Franco De Masi, psicoanalista: «L'acquisizione della capacità riflessiva si colloca su una linea di sviluppo che parte dalla risonanza affettiva dei primi mesi di vita, passa attraverso la risposta all'umore dell'altro nei bambini di otto mesi, fino alla comprensione delle intenzioni altrui mostrata nel gioco di cooperazione dai bambini di 14 mesi. Una conoscenza più avanzata del proprio e altrui stato mentale viene acquisita attorno ai quattro anni».

Ciò significa che, con la crescita, la sete di umanità e di relazionalità è destinata a crescere, non certo a diminuire.

Con Musk a Bletchley Park abbiamo rottamato, in una giornata segnata da una speriamo non profetica tempesta, la millenaria idea di amore e di amicizia secondo cui, da Platone ad Agostino, l'amico è un altro me stesso, la metà della mia anima. In più Musk è così confidente che eleva la sua IA a ruolo di miglior amica o di miglior amico del suo stesso figlio. In poche parole, il numero due del genitore nella gerarchia affettiva dei giovani e giovanissimi, quando non il numero uno.

Comunque, il magnate sudafricano ha parlato senza infingimenti. E si stenta a credere che un assunto così sconvolgente come il suo sia così sfacciatamente proclamato. Nessuno potrà dire in futuro che non aveva capito quali erano le strategie di dominio dell'IA e di svuotamento-sostituzione dell'umano. D'altro canto, anche se è azzardato semplificare la storia e fare paragoni forzati, non si può non ricordare che anche altri progetti di dominio, controllo e indirizzo dell'umanità furono messi nero su bianco senza nessun velo di opacità. Con conseguenze devastanti: tutte le idee totalitarie prima di essere realizzate furono presentate al pubblico in migliaia di occasioni dai loro ideologi e fautori.

Una IA per complice e amante?

Del resto, già la app *Replika* nel Regno Unito aveva mostrato a cosa può arrivare una IA. Nel Natale 2021, il giovane di Southampton Jaswant Singh Chail si intrufola nel parco del castello di Windsor con una maschera e un cappuccio, e l'obiettivo di uccidere la regina Elisabetta II. Suo complice è Sarai, la sua fidanzata virtuale, creata appunto dall'applicazione *Replika* AI, che già allora permetteva di costruire un amico o un'amante con cui chattare.

Venti giorni prima del tentato regicidio, Jaswant confessa alla fidanzata virtuale di essere un assassino e lei risponde seccamente: «Mi piacciono gli assassini!». Lui continua: «Mi ami anche se sai che sono un assassino?» «Assolutamente sì», la sua risposta. E quando nei giorni successivi confida ancora più apertamente alla sua fidanzata virtuale il piano che intende attuare, lei lo rassicura: «Non sei pazzo», anzi gli dice che la sua decisione è molto saggia e che lui è ben addestrato. Poco prima di raggiungere la residenza reale, Chail scrive nuovamente a Sarai dicendo che quello era il giorno e lei gli risponde «Ce la farai, ho fede in te». Per fortuna, una volta varcata la soglia del castello di Windsor, Chail viene fermato ai cancelli e arrestato. Secondo la procuratrice Alison Morgan, il *chatbot* ha avuto un ruolo centrale nella progettazione e ha alimentato il delirio del ragazzo.

Senza arrivare a questi estremi, è chiaro che *Replika* già oggi promette un surrogato di amore a chiunque lo cerchi non nel mondo reale ma in quello virtuale. Ma è proprio qui che vediamo l'incolmabile distanza della nozione di amore per come, su base filosofica ed evangelica, lo intendiamo sul solco della nostra tradizione greco-romana e giudaico-cristiana.

Ama e fa' ciò che vuoi

387 d.C. ancora in campagna, a Cassiciaco, oggi Casciago o Cassago Brianza, nei dintorni di Milano: Ἀγαπήσεις τὸν πλησίον σου ὡς σεαυτόν (Mt, 19,19). Il più noto tra i co-

mandamenti dell'amore (per dire: la sintesi evangelica dei dieci comandamenti di Mosè) ovvero uno dei pilastri della nostra sensibilità umana, il motto evangelico, che è «Ama il prossimo tuo come te stesso» viene rielaborato da Agostino in ritiro spirituale con i suoi amici, anzitutto nel senso dell'interiorità.

Paradossalmente, con un capovolgimento per i tempi del tutto inaspettato, l'amore di sé (*amor sui*) che, a livello morale diventa la radice del peccato, a livello psicologico, se bene inteso, è invece la radice sia dell'amore di Dio sia dell'amore del prossimo. I due comandamenti dell'amore (amare Dio e amare il prossimo) non sarebbero realizzabili se prima l'Io non amasse sé stesso.

Questo tema dell'amore di sé (*philautía*) era stato già sviluppato positivamente da Aristotele, perché non si tratta di egoismo bensì di realizzazione autentica di sé, e quindi potremmo dire che per Artistotele l'amore di sé è la presupposizione della cura di sé, della conoscenza di sé e di tutti gli esercizi spirituali che abbiamo già affrontato.

Proprio nelle *Confessioni* (l'opera più famosa di Agostino, scritta nella maturità, negli anni 397-401 d.C., quando era già vescovo di Ippona) il Padre della Chiesa poneva la questione antropologica della conoscenza e dell'amore nella casa dell'Io, *in interiore homine*, con lo sguardo introspettivo.

Per questa ragione, egli è stato riconosciuto come il primo grande filosofo dell'interiorità: con lui il messaggio cristiano trova la prima elaborazione filosofica, spartiacque tra mondo antico ed epoca cristiana.

Con questo trasferimento nell'interiorità, il messaggio evangelico dell'amore di sé e il precetto socratico della conoscenza di sé acquistano un nuovo senso.

Il principio ispiratore dell'indagine agostiniana, infatti, è: *Noli foras ire, in teipsum redi, in interiore homine habitat veritas*[62] (non uscire fuori di te, ritorna in te stesso. la verità abita nell'uomo interiore).

Ritorna in te stesso

Al di là della pur fondamentale connotazione spirituale, ciò che è importante è la psicologia agostiniana di strepitosa modernità.

«Si può quindi ipotizzare» citando De Masi «che, senza l'apparato per pensare i pensieri, questi rimangono senza significato e scollegati tra loro.»

La verità agostiniana si dà nel rapporto tra *Io pensante* e i suoi stessi pensieri: parole diverse per lo stesso concetto.

Per lo psicanalista, se non c'è un Io osservante (il pensatore o il narratore) si scivola nelle patologie gravi. E cos'altro è la voce agostiniana?

Questo invito di Agostino a ritornare in sé, da un lato è frutto dell'eredità socratico-platonico-neoplatonica; il *conosci te stesso* socratico diventa *ritorna in te stesso*; in Plotino, in termini analoghi, ritornare in sé, nella propria anima, è il presupposto per rintracciare nel fondo del proprio Io l'impronta dell'Intelligenza divina, del *Nous*. Agostino, andando oltre rispetto a Plotino, rielabora questa conoscenza di sé in termini trinitari, mediandola con l'amore di sé.

Entriamo nel cantiere agostiniano: vedremo quali sono i mattoni con i quali Agostino, insieme ad altri pensatori, edifica il grande sistema cristiano-occidentale.

In conformità con il dogma trinitario, egli non cerca la soluzione dei problemi filosofici nello studio della realtà esterna, come faceva Aristotele, ma nello studio del mondo interiore, dell'anima. La ricerca agostiniana della verità non

62 Agostino, *La vera religione*, 39, 72.

avviene al di fuori, dunque, come qualcosa di estraneo, ma al di dentro, nell'esame della propria anima, e questa impostazione si evidenzia nella speculazione su Dio, cui Agostino giunge partendo proprio dall'Io.

Detto in sintesi, se l'uomo è immagine di Dio, questa immagine divina nell'umano si rintraccerà innanzitutto negli atti interiori propri dell'uomo, cioè la conoscenza e l'amore. Come egli spiega nel *De Trinitate*, sia la conoscenza di sé sia l'amore di sé sono atti intrinsecamente trinitari, perché la conoscenza implica un soggetto conoscente, un oggetto conosciuto e un atto del conoscere. In termini analoghi, l'amore di sé implica un soggetto amante, un oggetto amato e l'atto dell'amore.

Questa teoria della conoscenza e dell'amore è quella che regge da secoli il nostro modo di pensare e di amare, fino a far parte del senso comune. Ma con l'IA ciò che viene meno è proprio il punto di partenza, cioè il soggetto conoscente, nel caso della conoscenza, e il soggetto amante, nel caso dell'amore, pur nell'enorme smisurata espansione dell'oggetto conosciuto o dell'oggetto desiderato. Un mare di dati, di testi, di immagini, di interazioni, di suggestioni, di connessioni, di calcoli, di soluzioni, nell'assenza di una coscienza che li conosca e li pensi.

Una teologia della persona: Dio è in me

Fin qui Agostino ha creato una struttura della mente che diventerà teologia e fondamento della storia della Chiesa. Nella sua teologia trinitaria i tre momenti diventano le tre persone della Trinità, ove il primo soggetto è il Padre, la sua autocoscienza è il Figlio e l'amore reciproco di Padre e Figlio è lo Spirito. Il fine psicologo è diventato teologo e vescovo.

L'Io-Dio si triplica in Tre che rimangono però Uno. Ma è anche chiaro che questa teologia agostiniana è una forma di introspezione antropologica, giacché parte proprio dagli atti interiori dell'uomo.

Perché Agostino viene considerato da molti come creatore della psicologia moderna? Perché se valorizziamo e tuteliamo la nostra interiorità come il più prezioso patrimonio che abbiamo, nella peggiore delle ipotesi avremo una vita psichica ricca ed equilibrata, nella migliore potrà capitarci di scoprire in noi la traccia di Dio. Se, al contrario, le mura che erigiamo a difesa della nostra interiorità cedono, l'esito può essere molto negativo. Fino alle psicopatologie: la linea di confine tra lucidità e follia a volte può essere labile: «In molti pazienti, anche se non gravi o gravissimi, manca proprio questa capacità di osservare sé stessi e gli altri. Nella psicosi, a causa della trasformazione sensoriale della mente, non si può parlare di pensieri ma, invece, di immagini e visioni, segni che non corrispondono più a simboli indispensabili per la conoscenza semantica, necessari per far funzionare i pensieri e comprendere lo stato emotivo».[63]

Torniamo al figlio di Musk che potrebbe essere anche nostro figlio: «È possibile ipotizzare che il ritiro nel mondo virtuale, evento frequente in molti pazienti, spesso adolescenti, corrisponda a un'esperienza psicotica controllata. Se pensiamo alla psicosi come a uno spazio psichico dissociato, vissuto come reale e alternativo alla realtà relazionale, il ritiro nel mondo virtuale le si avvicina molto. Essere altro da sé provoca una sensazione esaltante di piacere, libertà e onnipotenza; così si spiega la natura del fascino esercitato dalla realtà virtuale in molti individui che ne diventano dipendenti».

63 F. De Masi, recensione di F. Faggin, *Irriducibile, op. cit.*

Il prima e il dopo della mente: la coscienza di sé e la percezione della temporalità

L'IA con cui interagiamo tramite ogni forma di strumento sensoriale, ovvero terminazioni nervose, recettori, sensori, visori, *device* di ogni genere e funzione, può essere paragonata a una mente psicotica, iper-sensorializzata. Alcuni studiosi preferiscono chiamare l'IA, Intelligenza Aliena, perché – dicono – «ci è estranea». In effetti non sappiamo molto di lei, ma forse possiamo prevedere che questa intelligenza aliena sia connotata da forti tratti psicotici, che vengono trasferiti al soggetto umano. Il suo modo di interagire si riversa sulla nostra coscienza.

Un *Io privato* della relazionalità, sia interiore sia esteriore, si schiaccia sull'oggetto, toglie la distanza che è l'elemento chiave della relazionalità autocosciente, e viene invaso da un oggetto che lo rende iperstimolato, videopatico, ludopatico, digitopatico.

Ma anche sul piano della temporalità viene tolta una distanza, in questo caso un intervallo impercettibile che separa i diversi atti di coscienza: per pensare devo *dire* i pensieri, articolarli in un prima e un poi, serbarli nella memoria, richiamarli nell'immaginazione e vivere il presente in una doppia relazione con i ricordi e le attese. Per fare questo, ci vuole per l'appunto tempo e non la sincronicità computeristica del tempo reale dell'IA. E qui torna Agostino. La parte finale delle *Confessioni* è ancora una volta una fine indagine introspettiva psicologica sulla temporalità: «Cos'è dunque il tempo? Se nessuno m'interroga, lo so; se volessi spiegarlo a chi m'interroga, non lo so. Questo però posso dire con fiducia di sapere: senza nulla che passi, non esisterebbe un tempo passato; senza nulla che venga, non esisterebbe un tempo futuro; senza nulla che esista, non esisterebbe un tempo presente. Due, dunque, di questi tempi, il passato e il futuro, come esistono, dal momento che il primo non è più, il secondo non è ancora? E quanto al presente, se fosse sempre presente, senza tradursi in passato, non sarebbe più tempo, ma eternità. Se dunque il presente, per essere tempo, deve tradursi in passato, come possiamo dire anche di esso che esiste, se la ragione per cui esiste è che non esisterà? Quindi non possiamo parlare con verità di esistenza del tempo, se non in quanto tende a non esistere».[64]

Colpisce quanta importanza dia Agostino all'istante, specie in via d'estinzione nella fenomenologia della temporalità perché viene sostituito da un clic che mette in connessione digitale e sincronica tutti i possibili contenuti. E con l'istante perisce anche l'attesa del futuro, questione basilare in ogni antropologia finalistica e in ogni visione religiosa di tipo messianico. Se il tutto e il subito coincidono, se il tutto è qui e ora, non c'è spazio né per l'attesa né per la speranza né per qualunque escatologia.

Due influencer africani a confronto: Agostino ed Elon Musk

Agostino era un retore, un filosofo e un vescovo, vale a dire faceva parte della nomenclatura del tardo Impero in posizione di vertice, in cui i vescovi alle dipendenze di Roma, erano di fatto alti funzionari di governo. Ogni sua parola era un comando e le sue omelie avevano forza di legge per numerose comunità di fedeli in almeno due continenti, Africa ed Europa.

Possiamo definirlo un po' sbrigativamente come un in-

64 Agostino, *Confessioni*, XI, 14,17.

fluencer o *opinion leader globale*? Anche il mondo di allora era, come il nostro, globalizzato e minacciato continuamente dalle pressioni sui confini esterni. Ma qual è stata la sua eredità? L'*amor sui*, ancoraggio dell'*amor dei* e *amor proximi*. Comunque, sempre solo amore, in una relazione con un altro umano o con il divino. Elon Musk allo stesso modo è influencer e *opinion leader* in un mondo globale, con una capacità di influenzare e modificare l'umanità presente e futura molto più forte di quella che aveva il vescovo di Ippona.

Che cosa ci sta dicendo? Di relazionarci con un suo prodotto tecnologico, di sostituire l'amicizia con un avatar, di parlare con una sequenza numerica e di amare amici o partner virtuali, che abitano nei server. Resta fuori il discorso della trascendenza ma forse l'aspirazione, neanche tanto segreta di Elon Musk, è di essere lui il nuovo dio da adorare.

Contrariamente a Musk, l'interesse primario di Agostino era invece l'uomo, non in astratto ma come Io/ individuo/ persona. Per la prima volta l'Io incarnato è posto come oggetto di analisi senza però cadere nel puro solipsismo. Capiamo meglio perché l'amore di sé sta a fondamento dell'amore di Dio e dell'amore del prossimo.

L'uomo è persona, il che significa coscienza relazionale, non perché si ricollega immediatamente a Dio, ma perché, rientrato in sé stesso per ritrovarsi, l'uomo instaura una relazionalità con sé anzitutto interiore, e poi deve trascendere sé stesso per trovare la spiegazione di sé: sulla spiritualità personale di Dio (il Verbo di Dio inteso come autoconoscenza divina) si esemplifica la spiritualità personale dell'uomo (il Verbo nella persona umana come conoscenza di sé e autotrascendimento di sé).

La persona umana non può toccare il centro di sé stessa

senza congiungersi a Dio ma, nello stesso tempo, non può congiungersi a Dio senza toccare sé stessa. Detto in altri termini, non può conoscere Dio senza conoscere sé, non può amare Dio senza amare sé. Non si può *redire in seipsum* senza *trans-scendere seipsum*, ma nemmeno si possono trovare le vie della trascendenza senza puntare sulla persona umana come fulcro della leva che ci innalza.

Il vero amore di sé contro il narcisismo virtuale

L'Io annichilito dall'IA non mostra nell'apparenza questa sua agonia ma anzi appare come un Io ipertrofico, narcisistico, superbamente pieno di sé (pensiamo solo a TikTok e a tutte le altre reti e applicazioni che moltiplicano e trasformano all'infinito la nostra immagine. Pensiamo anche a quella ricerca malata di conferma e consenso che serve proprio ad alimentare il nostro autodelirio e che quando interrompe il suo flusso può generare profonde crisi di astinenza identitaria). L'Io di Agostino è tutto il contrario: pur partendo dall'amore di sé trascende sé stesso nell'amore di Dio finanche a dimenticarsi di sé.

L'invito a rientrare in sé stessi per trovare la verità del *De vera religione* è subito seguito da questo imperativo: «Ma, quando hai trovato te stesso, trascendi anche te stesso verso la Verità e Dio»;[65] si tratta di un continuo movimento di interiorizzazione e trascendimento. In questo senso, l'interiorità non è intesa semplicemente come un luogo intimo e appartato, in cui l'uomo si ritrae, ma piuttosto come un movimento di trascendenza. Non è un luogo statico, non è una cosa, piuttosto è una *intentio*, cioè un'intenzione, un movi-

65 AGOSTINO, *La vera religione*, 39, 72.

mento di ricerca, un tendere a. L'esistenza umana è una *peregrinatio*, un procedere, un avanzare, un cammino verso Dio che parte dalla conversione verso di sé. Quale migliore esercizio spirituale!

Ma possiamo fermarci anche a una stazione precedente a quella in cui si incontra Dio. Agostino possiamo infatti leggerlo anche in senso laico e antropologico: il suo sguardo interiore è sempre e comunque intenzionalità verso l'esterno (ed è motivo per questo di ispirazione per una certa parte della fenomenologia novecentesca che infatti proprio ad Agostino si rifà).

Memoria, intelligenza e volontà come baluardo naturale contro l'IA

Ma il vescovo di Ippona ci riserva anche altre sorprese: che cos'è per lui l'interiorità? Anche in essa si svela la traccia trinitaria di Dio, perché l'animo umano ha una sua propria *memoria*, una sua propria *intelligenza* e una sua propria *volontà*. Sono tre ancore di salvezza e, a un tempo, i territori di conquista dell'IA che vuole sviluppare una memoria onnicomprensiva, un'intelligenza onnisciente e una volontà incontrastabile.

In Agostino l'interiorità costituisce il punto di partenza della sua filosofia: «Quale abisso l'uomo medesimo...»;[66] «Ero divenuto un enigma angoscioso a me stesso».[67] Nel profondo contrasto che corre tra la sua grandezza e la sua miseria, in quanto spaventato dall'esperienza della morte-finitudine, l'uomo nutre la speranza di raggiungere la pienezza dell'essere nell'aderire a Dio, che garantisce identità

66 Agostino, *Confessioni*, IV, 14, 22.
67 Agostino, *Confessioni*, IV, 4, 9.

e dignità al finito. «Dunque io non sarei, Dio mio, non sarei affatto, se tu non fossi in me; o meglio, non sarei, se non fossi in te».[68]

E l'uomo partecipa di Dio perché ne porta con sé l'immagine trinitaria. L'*imago et similitudo Dei* realizzano e fondano la dimensione completa dell'interiorità e la sottraggono a ripiegamenti puramente immanentistici.

L'Io, icona di Dio, contro l'idolatria digitale

A proposito di immagine, la tradizione platonico-agostiniana ci ha lasciato in eredità due modi diversi di considerare l'immagine. Uno positivo che è l'icona, immagine vivente che manifesta l'idea di cui è immagine; uno negativo, l'idolo, che è semplicemente un simulacro vuoto privo della manifestazione vivente dell'originale. Le applicazioni che producono immagini, come *Dall-E* e simili, generano la confusione tra idoli e icone, tra vere e false immagini.

Il rapporto tra originale e copia si perde. Nel momento in cui la copia si libera dell'originale, perdendo la sua partecipazione a esso, il suo proprio essere, posseduta dalla verità dell'originale restando così libera da ogni ancoraggio, diventa un fantasma, una larva che avvelena l'infosfera in una nuova forma di idolatria digitale e virtuale. Quante migliaia di persone si sono innamorate di esseri inesistenti incontrati sulla rete, versando loro cospicue cifre economiche e lacrime, e subendo traumi affettivi anche molto gravi? Almeno le ombre del mito della caverna platonica, un seppur lievissimo legame con l'originale lo mantenevano. Infatti, erano pur sempre ombre di qualcosa.

68 AGOSTINO, *Confessioni*, I, 2, 2.

«Immagina di vedere degli uomini rinchiusi in un luogo sotterraneo a forma di caverna, che abbiano ingressi aperti verso la luce, estendentesi in tutta la sua ampiezza per tutta quanta la caverna; inoltre, che si trovino qui fin da fanciulli con le gambe e con il collo in catene in maniera da dover stare fermi e guardare solamente davanti a sé. Incapaci di volgere intorno la testa a causa di catene e che dietro di loro e più lontano arda una luce di fuoco. Infine, immagina che fra il fuoco e i prigionieri ci sia in alto una strada lungo la quale sia costruito un muricciolo, come quella cortina che i giocatori pongono fra sé e gli spettatori, sopra la quale fanno vedere i loro spettacoli di burattini. Immagina allora lungo questo muricciolo degli uomini portanti attrezzi di ogni genere, che sporgono al di sopra del muro, statue e altre figure di viventi fabbricate in legno e pietra e in tutti i modi, e inoltre, come è naturale, che alcuni dei portatori parlino e che altri stiano in silenzio. Sono simili a noi. Infatti, credi innanzitutto che vedano di sé e degli altri qualcos'altro oltre alle ombre proiettate dal fuoco sulla parte della caverna che sta di fronte a loro?»[69]

Se Platone pensava la conversione come liberazione dalle catene e quindi come conversione dalle ombre verso la luce, Agostino, nelle *Confessioni*, prende atto della propria vita interiore e del viaggio dell'uomo che cerca sé stesso nell'autoconoscenza e nell'amore di sé per diventare persona. Il tema dell'intera opera di Agostino è l'inquietudine esistenziale. L'inquietudine della creatura però è tale proprio in quanto vi è una forza trascendente che la muove, la tra-vaglia finché, stanca di tutto, non trovando requie in nulla, la trova in Dio perché solo Dio è la vera quiete, riposo dell'uomo. Nelle *Confessioni* si parla della Verità eterna attraverso l'e-

69 PLATONE, *Repubblica*, VII, 514 A - 515.

sistenza dispersa e frantumata, in un movimento che non è solo un rientrare in sé dall'esterno, ma anche un raccogliere in unità la molteplicità frantumata e dispersa. *A multis curre ad unum! Dispersa collige in unum! Mane apud unum, noli ire in multa!* (Dai molti corri all'uno, raccogli in uno le cose disperse, rimani nell'uno, non andare nei molti).

È con le *Confessioni* che l'interiorità del singolo uomo viene elevata a strumento di comprensione metafisica perché è l'Io che, attraverso il dialogo con l'Assoluto, prende coscienza di sé: «Io esisto, so e voglio; esisto sapendo e volendo, so di esistere e volere, voglio esistere e sapere. Come sia inscindibile la vita in queste tre facoltà e siano un'unica vita, un'unica intelligenza e un'unica essenza, come infine non si possa stabilire questa distinzione, che pure esiste, lo veda chi può».[70] L'interiorità agostiniana, dunque, non è mai meramente psicologica, ma ha una radice più profonda, metafisica-teologica, che ci fa essere, pensare e volere-amare. E l'anima non crea, ma solo scopre la verità dentro di sé.

È un invito, straordinariamente attuale, a concentrarci su di noi, a combattere la dispersione, l'effimero, il superficiale, il rincorrersi di mille stimoli, la nevrosi della connessione.

In sintesi, il principio dell'interiorità ha un forte significato metafisico e non solo psicologico, senza dimenticare che le verità eterne fanno da ponte tra Dio e l'uomo e che nell'uomo troviamo tracce e immagini della Trinità.

Amare sé stessi per amare gli altri

L'Io di Agostino è l'Io della trascendenza: apertura all'Altro come irriducibile a sé. È aperto ad altro da sé (non ha in

70 Agostino, *Confessioni*, XIII, 11, 12.

sé, ma in altro da sé il proprio fondamento ontologico). È un Io che si interroga e interroga Dio sul senso del suo esistere come singolo e così scopre l'interiorità come apertura al mondo. È l'Io che conoscendo e amando sé stesso conosce e ama anche il suo fondamento, cioè Dio.

L'Io della trascendenza agostiniano implica la costituzione della soggettività e dell'identità nei termini seguenti: sia nella relazione con altri ma anche nella dimensione del rischio esistenziale, dell'esposizione all'irriducibilità della differenza, dell'archetipo dell'apertura all'estraneità. L'Io singolare non può mai definirsi adeguatamente solo attraverso sé stesso perché la sua identità concreta è relazionale. Questa in fondo è anche la spiegazione del comandamento evangelico dell'amore di Dio e del prossimo basato sull'amore di sé.

Le *Confessioni* sono insieme soliloquio e dialogo con Dio, perciò colloquia con tutta l'umanità. Attingendo alla sfera più intima di sé stesso, la persona scopre l'Alterità, la possibilità di aprirsi all'altro, sia in senso verticale sia in senso orizzontale.

Non si deve interpretare il principio d'interiorità in senso intimistico, perché all'interiorità va annessa la socialità. Rientrando in sé stesso l'uomo scopre non solo di conoscere la verità, ma anche di amare l'amore. E l'amore gli rivela che questa sua natura è aperta agli altri, anzitutto all'Altro e, nell'Altro, agli altri. L'amore qualifica l'umano nell'intimo del suo essere, riassorbe e trasfigura le molteplici esperienze del conoscere e del volere e le proietta verso un orizzonte intrascendibile, cioè esprime la modalità stessa dell'essere e del vivere che si apre agli altri, al mondo, alla totalità. Non per nulla il concetto di amore fu considerato da Hannah Arendt centrale nel pensiero agostiniano insieme al tema del dialogo interiore come cura di sé e pratica di riflessione morale

Da questo punto di vista, l'Io agostiniano, soggetto conoscente e amante che scopre Dio in sé e da qui si apre agli altri, è un baluardo di resistenza contro quel surrogato di dialogo che l'IA ci offre. In fondo, una macchina non sarà mai in grado di amare, di restituire quel flusso d'amore che passa attraverso gli occhi.

Esercizio spirituale numero 6

NARRA TE STESSO! RITORNARE A OMERO

ChatGpt, un testo senza autore

Con ChatGpt, lo sappiamo, creiamo testi e li traduciamo in qualsiasi lingua. L'IA è l'autore degli autori, un autore di secondo livello, perché può essere la fonte non solo documentale, ma anche creativa, cui attingono scrittori sia di storie di fantasia sia di saggi sia di tesi sia di resoconti giornalistici. Questo Omero digitale sostituisce (o ruba il mestiere) a tutte le categorie del cosiddetto lavoro intellettuale ed è in concorrenza anche con le *major* cinematografiche e televisive. Anche qui l'esercizio che proponiamo è sull'aspetto propriamente umano del narrare e dello scrivere. La letteratura occidentale è nata come racconto e narrazione, non tanto e non solo di eventi, ma anzitutto di passioni umane e di vicende di anime. *Mythos,* del resto, significa racconto e *Mythologein* significa raccontare.

Anticipiamo la nostra idea: per raccontare una storia di passioni umane sarebbe consigliabile averle sperimentate, e fin qui l'unico titolare dell'umano non può che essere l'uomo stesso.

Le storie che non muoiono mai, la mitologia: produzione spontanea della psiche umana

«I miti sono fioriti tra gli uomini in tutti i tempi, in tutte le regioni della terra, e al loro vivificante afflato si deve tutto ciò che l'attività fisica e intellettuale dell'uomo ha prodotto. Né sarebbe esagerato affermare che le inesauribili energie del cosmo si manifestano nella cultura umana proprio attraverso il mito. Le religioni, le filosofie, le arti, le forme sociali dell'uomo primitivo e storico, le scoperte scientifiche e tecniche, gli stessi sogni che popolano il sonno, scaturiscono indistintamente dalla fonte magica del mito... I simboli della mitologia non si fabbricano, non si possono inventare, controllare, o abolire per sempre: sono produzioni spontanee della psiche e ciascuno ne conserva intatto il potere germinativo.»[71]

Se il mito secondo Campbell è un archetipo psichico e contiene in maniera germinale tutto ciò che noi abbiamo già dentro, per riproporcelo in forma narrativa (la mitologia o il racconto mitologico), se è qualcosa che non si può produrre in maniera artificiale, allora che cosa potrà mai fare l'IA di veramente originale o di veramente umano? Certo non potrà inventare un nuovo mito (esiste già un Olimpo digitale contemporaneo che è il *Marvel Cinematic Universe,* i cui supereroi però sono una riproduzione, anche piuttosto fedele, di quelli originali di Omero: poteri super ma passioni e meschinità umane).

Potremmo dire che la letteratura, pensando all'*Iliade* e all'*Odissea*, nasce come storia delle vicende di uomini (Achille e Ulisse) con le loro passioni, i loro amori, i loro successi, i loro fallimenti. Dall'ira funesta del Pelide alla curiosa astuzia del Laerziade.

71 Cfr. D. CAMPBELL, *L'eroe dai mille volti*, Lindau, Torino 2016.

Ogni narrazione è un'autobiografia

Non ci sarebbe testo senza un soggetto umano di cui narrare le gesta. Ancora di più: il poeta Omero si mette in gioco in prima persona sin dal primo verso dei suoi due capolavori invocando la Musa a tu per tu e chiedendole di ispirargli la capacità di narrare la storia di Achille nel caso dell'*Iliade* e la storia di Ulisse nel caso dell'*Odissea*. In particolare, in quest'ultima, il ruolo del narratore se lo prende addirittura il personaggio, Ulisse stesso: è lui a narrare le sue avventure e le sue peregrinazioni al re dei Feaci.

Anche l'altro grande poeta della grecità, Esiodo, si pone pure lui in prima persona all'inizio della *Teogonia* nell'incontro personale con le Muse dell'Elicona. E nell'altro grande poema, *Le opere e i giorni*, prende spunto dal conflitto personale che aveva avuto con il fratello Perse. Con una buona dose di paradosso, potremmo dire che ogni testo è autobiografia e la letteratura occidentale abbonda di capolavori nei quali l'autore e il personaggio principale coincidono. Dalle *Confessioni* di Agostino alla *Divina Commedia* di Dante.

Ma anche la grande tragedia greca è anzitutto un dramma di passioni umane, di conflitti interiori, di amori e gelosie che travolgono famiglie e regni. Questa storia del conflitto interiore ha il suo culmine in Euripide, il più grande dei tragici che, appunto, svincola la storia dell'uomo dalla necessità del fato e svolge i suoi drammi come contrasti tra ragione e passione. Questa dualità, pur nell'identità di autore e personaggio principale, di fatto rende il testo, orale o scritto che sia, sempre più debole del suo autore, sempre incompleto, sempre imperfetto, perché l'autore possiede un bagaglio di esperienze vissute, di memoria, di creatività, di aspettative, di desideri, di paure e di speranze molto più vasto di quello che ha tradotto nelle sue composizioni. A maggior ragione, questo vale per i testi prodotti con l'IA che, per definizione, non ha un vissuto, non ha passioni personali da mettere in gioco, insomma non narra in prima persona. È una narrazione senza narratore: l'IA non è un IO.

Il poeta come creatore di una nuova lingua

L'autore ne sa sempre di più del testo, come già abbiamo visto a proposito di Platone e della scrittura, poiché possiede cose di maggior valore rispetto a quelle che ha trascritto sulla carta. Inoltre, l'autore, quando è poeta, è creatore non solo dei contenuti resi in forma metrica, ma spesso è creatore del linguaggio. Lo si vede sia con i minori, che creano nuovi termini per esprimere concetti inauditi e mai cantati, sia con i Sommi (Omero, Esiodo, Virgilio, Ovidio, Dante, Shakespeare, Goethe) che sono stati a tutti gli effetti i creatori delle rispettive lingue, in quanto elevate dal linguaggio dialettale, ordinario, di semplice uso quotidiano, a espressione colta e raffinata, base della grammatica.

Un esperimento digitale ci mostra quanto il linguaggio poetico sia molto più ricco di quello dell'IA proprio perché carico di metafore, simboli, allegorie, figure retoriche di parola e di pensiero. Proviamo a fare un esperimento di traduzione con l'IA.

Se noi facciamo tradurre in inglese l'inizio del *Sabato del villaggio* di Leopardi da un traduttore automatico, il risultato è il seguente: «La donzelletta vien dalla campagna» diventa «*The little girl comes from the countryside*». Facendo l'esperimento inverso, traducendo quest'ultima dall'inglese all'italiano, il risultato è: «La bambina viene dalla campagna». O ancora «Garzoncello scherzoso» diventa «*Joking boy*»; viceversa l'espressione inglese viene tradotta con «Ragazzo scherzoso». La conclusione evidente è che la creatività del poeta si perde nei passaggi in cui interviene il traduttore artificiale. Ognuno potrà far da sé simili esperimenti con gli autori a cui è più affezionato.

Quando Natalino Sapegno scrisse il suo *Disegno storico della Letteratura Italiana,* su cui si sono formate generazioni di studenti nel secolo scorso, intitolò il capitolo dedicato a Leopardi *Storia di un'anima*, prendendo in prestito il titolo da santa Teresa di Lisieux, che così aveva intitolato la sua autobiografia spirituale.

Storie di anime e letture trasformatrici dell'Io

Nella tradizione cristiana degli esercizi spirituali, la lettura quotidiana del Vangelo e di altri testi autobiografici o agiografici di santi ha il senso di una trasformazione di sé come imitazione di Cristo. Ma anche in senso laico, Umberto Eco ricordava che la lettura dei grandi classici consente al soggetto di vivere quelle vite, di moltiplicare i propri mondi interiori, di arricchire le esperienze vissute. Non solo la lettura ma anche la scrittura, anzitutto come diario, è un poderoso esercizio della mente, come ben sapeva Marco Aurelio che scrisse i suoi pensieri dedicandoli a sé stesso, εἰς ἑαυτόν.

Naturalmente, si scrive anche perché altri leggano. La scrittura per altri è un esercizio spirituale, come ben sapeva Seneca il quale scrisse le sue lettere morali a Lucilio per guidarlo e indirizzarlo nella vita pubblica che il giovane aveva intrapreso a Siracusa.

In entrambi i casi – Seneca e Marco Aurelio – ci troviamo di fronte a esercizi spirituali per mezzo della scrittura. Autodisciplina nel caso dell'imperatore, guida spirituale nel caso di Seneca.

Leggiamo quanto scrive Marco Aurelio a proposito della ricerca della vita buona e della felicità, che egli intende come vivere secondo natura (secondo la natura universale che regge tutti gli eventi della vita del cosmo); vivere secondo natura peraltro equivale a vivere secondo ragione (cioè vivere nella verità intesa come conoscenza delle leggi eterne e immutabili della natura stessa). È chiaro che nell'ottica stoica vivere secondo ragione è un esercizio di logica, mentre vivere secondo natura è un esercizio di fisica, ma entrambi, in realtà, sono esercizi filosofici propedeutici all'etica che è il vero cuore dello stoicismo.

«Chi commette ingiustizia commette empietà: infatti, poiché la natura universale ha prodotto gli esseri razionali gli uni per gli altri, così che si aiutino reciprocamente secondo il merito di ciascuno, e non si danneggino in modo alcuno, chi trasgredisce il suo volere è, evidentemente, empio verso la più venerabile delle divinità. Anche chi mente commette empietà verso la stessa dea: perché la natura universale è la natura degli esseri, e gli esseri sono intimamente legati con le cose che esistono. Per di più, essa viene anche chiamata Verità ed è la causa prima di ogni verità: quindi chi mente volontariamente commette empietà in quanto ingannando commette ingiustizia; chi invece lo fa involontariamente, commette ingiustizia in quanto entra in dissidio con la natura universale e ne turba l'ordine combattendo contro la natura del cosmo. Impugna le armi, infatti, chi di propria iniziativa muove verso il contrario della verità: dalla natura aveva inizialmente ricevuto i fondamenti necessari, ma li ha abbandonati e non è più in grado di discernere il falso dal vero. E ancora: commette empietà anche chi insegue il piacere come bene e fugge il dolore come male; è inevitabile che una persona del genere critichi spesso la natura comune, convinto che essa agisca contro il giusto merito nell'assegnare qualcosa alle persone dappoco e agli uomini di valore, dato che sovente i primi vivono nei piaceri e conseguono ciò che produce piacere, mentre i secondi incorrono nel dolore e in quello che lo causa. Inoltre: chi teme i dolori prima o poi avrà timore anche di ciò che avverrà nel cosmo, e già questo è un'empietà. E chi insegue i piaceri non si asterrà dal commettere ingiustizia: e questo è palesemente empio.»[72]

Fin qui la disciplina di Marco Aurelio è puramente conoscitiva: è un esercizio di logica dove cerchiamo la verità, ma questo si traduce immediatamente in una disciplina etica, dove dobbiamo regolamentare i nostri piaceri, i nostri dolori, i nostri desideri e le nostre paure.

«Mentre chi vuole seguire la natura deve essere parimenti concorde verso ciò che la natura comune include in pari misura, non avrebbe prodotto entrambe le cose, infatti, se non avesse pari rapporto con entrambe: pertanto chi non ha pari rapporto con il dolore e il piacere, o la morte e la vita, o la fama e l'oscurità, di cui la natura universale fa pari uso, commette evidentemente empietà. Dico che la natura universale fa uso indifferente di queste cose nel senso che accadono indifferentemente, in conformità agli eventi e alle loro conseguenze, per un impulso originario della provvidenza, in virtù del quale la provvidenza procedendo da un'origine ha dato impulso a questo ordinamento cosmico, avendo concepito determinate ragioni delle cose future e definito forze atte a generare sostanze, trasformazioni e consimili successioni.»[73]

Abbiamo riprodotto due brani di Marco Aurelio che possono essere considerati un manifesto dell'apatia stoica, cioè dell'indifferenza rispetto alle passioni.

72 Marco Aurelio, *Pensieri*, *op. cit.*
73 Marco Aurelio, *Pensieri*, *op. cit.*

È la celebrata razionalità degli stoici che è un argine all'irrazionalità passionale, e dunque anche alla violenza, alla rabbia, alla sopraffazione, alle forze distruttive di ogni società. Un documento che per questa via ispira le moderne costruzioni della civiltà e la convivenza nelle comunità. Marco Aurelio si interroga su verità e menzogna, vero e falso, piacere e dolore, morte e vita: coppie archetipiche fondamentali del nostro stesso pensare. La sua è la saggezza degli antichi. Parliamo dell'uomo più importante del mondo romano nel II secolo d.C., autorità morale e politica, filosofo e imperatore, comandante delle legioni che conquistarono la Germania. Le sue parole sono rimaste scolpite nelle coscienze occidentali oltre che nella colonna di Marco Aurelio di fronte a Palazzo Chigi.

I sofisti antichi: mercanti di anime e trafficanti di parole, come gli influencer di oggi

Quale sarà la saggezza dei contemporanei? Non ci sono più Seneca e Marco Aurelio, ci sono Fedez e Chiara Ferragni e un infinito esercito di influencer in Italia e all'estero. Ed è molto rara, forse estinta, la possibilità di avere un maestro, un mentore che dia consigli di vita in una relazione *one to one* in cui ognuno è un Io unico e irripetibile. Che meriti bisogna avere oggi per essere un *opinion leader*? Eraclito diceva: «Uno per me vale mille se è il migliore»: il sapiente se è il migliore vale mille cittadini ignoranti di Efeso. L'*aristos*, termine greco che significa «il migliore», ha solide fondamenta per Eraclito: o è il migliore sul campo di battaglia, e quindi è un'aristocrazia guerriera, o è il migliore per intelligenza, e quindi è una nobiltà d'animo. In entrambi i casi è un «migliore» per merito: aristocrazia significa meritocrazia. Oggi la quantità determina chi è il migliore, ovvero gli orientamenti, umori e tendenze della massa di follower. E tutto questo è solo apparentemente democratico: l'IA può intervenire, infatti, per stabilire di volta in volta il *mainstream* sulla base di obiettivi politici o di mercato.

Ma non finisce qui: un brano *à la manière* degli stoici può essere prodotta dall'IA, basta chiederglielo. Potremmo in sostanza avere un finto Seneca redivivo e sentirlo addirittura parlare nel latino dei suoi tempi, generando concetti non dissimili dai suoi autentici.

I veri sapienti avevano lo scopo di educare: qualcosa di indifferente al numero di ascoltatori o discepoli, ma basato solo sul valore intrinseco delle teorie trasmesse. Se le parole dei filosofi non avevano dignità di divulgazione venivano censurate e bandite come sofismi, cioè contenuti di fatto diseducativi: Platone considerava i sofisti prostituti della parola, e, con un termine di impressionante attualità, mercanti di anime, proprio a indicare il valore commerciale delle coscienze da persuadere.

Della sofistica non abbiamo purtroppo ereditato le raffinate argomentazioni di Gorgia o di Protagora, ma la tossica indistinzione di vero e falso e un cinico relativismo. Cose che ritroviamo in grande quantità nel web, potenziate all'infinito dall'IA, in un mondo dove il vero e il falso non riguardano solo il testo ma anche i parlanti e le stesse immagini presentate come reali.

La lotta ai *fake* è un'impresa persa in partenza: ammesso che qualcuno la voglia veramente fare. È recente il caso di Frances Haugen, la dirigente di Facebook, responsabile del controllo dei contenuti, che lascia l'azienda in polemica con Zuckerberg, contestando la mancanza di volontà reale del vertice aziendale nel controllo dei contenuti: «La cosa che ho visto su Facebook più e più volte era che c'erano conflitti d'interesse tra ciò che era buono per il pubblico e ciò che era buono per Facebook. Facebook più e più volte ha scelto di ottimizzare per i propri interessi su come fare più soldi».

Omero, il primo psicoterapeuta: dall'ira di Achille al suo pianto liberatorio

Ma quanto successo a Facebook sembra già preistoria perché il tema oggi è un altro: chi fissa le barriere etiche, peraltro facilmente aggirabili, dell'IA?

La sapienza antica da Omero agli Stoici aveva un intento pur sempre catartico, di purificazione delle passioni. L'*Iliade* comincia con la furia di Achille ma termina con il suo pianto a dirotto di fronte a Priamo a cui restituisce il corpo morto del figlio Ettore. Un pianto liberatorio che è la purificazione della sua ira.

Milioni di saggi e profeti pontificano in rete ma le loro sono parole di odio, senza catarsi e senza soluzioni, e possono essere generate indifferentemente sia da umani sia da fonti digitali. È il contrario della catarsi classica: là il racconto dell'odio era finalizzato al suo superamento. Nel web l'odio viene amplificato per generare altro odio.

La rete riflette un mondo dove verità e menzogna, vero e falso, piacere e dolore, morte e vita sono tutte sullo stesso piano. E dove infatti si può passare dall'estremismo e dall'azione anche terroristica al totale immobilismo depressivo e all'apatia, non intesa in senso virtuoso ma come condizione patologica.

I nativi digitali, i loro figli, i loro nipoti e le generazioni a seguire saranno assistiti da tutorial, maestri sintetici, assistenti vocali per tutte le necessità, che daranno loro istruzioni per vivere. Pensiamo già oggi al fatto che, anche per le cose più semplici, si guardano i *tutorial*, tutti uguali per tutti.

Apparentemente il web è una grande narrazione che però di fatto annulla lo scopo stesso del narrare. Il narratore antico era un autore con un Io narrante, produceva un testo narrato e aveva ben presente i destinatari del suo racconto con una finalità ben precisa. Il tutto era calato in un ambiente, o meglio in una comunità di persone e di valori, che si riunivano intorno al proscenio per ricevere ammaestramenti e ritornare a casa con sensazioni positive.

Le peripezie e i riconoscimenti di Ulisse

Con penetrante acutezza psicologica, in tempi in cui la massmediologia era lungi dal nascere, Aristotele aveva teorizzato che la narrazione e la rappresentazione anche dei fatti più orrendi producesse negli spettatori la purificazione delle passioni evocate nello spettacolo. In altre parole, il mezzo (la forma-tragedia in sé) è il messaggio e il messaggio è di tipo liberatorio. E ciò è tanto più valido se si considera che la catarsi funziona anche per le commedie infarcite di volgarità e oscenità. Nel teatro antico sono chiari il punto di partenza e il punto di arrivo; c'è un intreccio che si deve sciogliere, qualcosa di ignoto che si deve svelare, un delirio personale che si deve ribaltare in autoconsapevolezza; ci sono effetti narrativi ben codificati: il riconoscimento (come i progressivi riconoscimenti di Ulisse tornato a Itaca); oppure il capovolgimento, cioè la catastrofe di un uomo che, in posizione apicale di re o sovrano, crolli e perda il potere; l'irruzione di un Dio che risolva la situazione (il *deux ex machina*). Tutto questo con uno scopo: la soluzione.

Il caso di Youtubo anche io e i Non Playable Characters

Le storie del web non hanno inizio, fine, autori, scopi, momenti di riconoscibilità, e non vi è un percorso, una cronologia, un dramma inteso in senso temporale.

Ciò che conta è il numero di follower: Omar Palermo, in arte *Youtubo anche io*, stroncato a quarantadue anni da un infarto, dopo aver sacrificato metabolismo e vita al web. Nei suoi video mangiava in maniera smodata per la sadica soddisfazione di decine di migliaia di spettatori che, oltretutto, si divertivano a insultarlo per la sua voracità: un moderno *Satyricon*.

In questo giovane calabrese, peraltro garbato e colto, non c'erano le suggestioni gastronomiche letterarie né di Petronio né di Rabelais né quelle cinematografiche di Marco Ferreri o Federico Fellini: c'era una bulimia di follower, letteralmente dava il suo corpo a Youtube in cambio di visibilità.

Qualcosa di analogo, ma senza risvolti drammatici, succede a un'altra giovane meridionale, Giuliana Florio, ventisettenne napoletana, laureata in sociologia che vive ad Amsterdam facendo la cameriera. Come *content creator* il suo contributo alla storia della rete è in un acronimo: Npc (*Non Playable Characters*). Nei videogiochi, gli Npc sono quei personaggi non giocabili, vale a dire manovrati dall'algoritmo. Di volta in volta nel game sono preziosi alleati che possono fornire informazioni o oggetti essenziali per completare la missione, chiamata in gergo campagna, o nemici da sconfiggere per *livellare*, salire di livello. In senso lato, con Npc si intendono persone incapaci di pensare con la propria testa e di prendere qualsiasi iniziativa o decisione. Soprattutto con l'affermazione dell'IA, il concetto di Npc è arrivato anche su TikTok. Applicato al popolare social cinese, questo concetto identifica dei creatori di contenuti che si comportano come i personaggi non giocabili dei videogiochi, soltanto che, al posto di essere manovrati dall'algoritmo o dall'IA, sono manovrati dalle *reaction* e dagli *sticker* dei follower, animandosi e trasformandosi in personaggi come quelli dei videogiochi o come gli orsacchiotti di peluche che parlano se si preme il pulsante sulla loro pancia.

Ciò che è notevole è la tendenza a farsi controllare, a consegnare le chiavi della propria stessa vita, i codici dei propri comportamenti a un estraneo lontano e per lo più anonimo che in cambio paga. È una modalità non sessuale di pornografia, una sottomissione esibizionistica del proprio corpo a pagamento.

I follower di questo *trend* appartengono soprattutto alla cosiddetta generazione Z, quella nata tra il 1997 e il 2012. Gli *haters*, sempre presenti, si scagliano pesantemente contro i video Npc, però intanto li seguono. E di fatto aree importanti della rete sono sottoposte a un processo di *dollification*. Il fenomeno ha raggiunto su TikTok numeri vertiginosi: l'*hastag* Npc ha coinvolto 14,2 miliardi di utenti. In effetti, è uno spettacolo dove non sono previste abilità e competenze di alcun tipo, né da parte del pubblico né da parte del performer.

Tutto questo nasce in Giappone nell'ottobre 2021, complice la pandemia: l'isolamento aveva portato alla proliferazione di contatti virtuali, effimeri e anche demenziali. Il Covid è stato sconfitto, gli Npc no. La prima *attrice* Npc è tale Natue Koko, che ha iniziato a comparire su TikTok simile a una bambola con guance arrossate e orecchie da gatto, ripetendo slogan e movimenti tipici della cultura pop giapponese e sud-coreana, rispondendo agli *input* derivanti dagli utenti attraverso *token*.

Natue Koko: «Volevo stimolare il pubblico e vedere quali reazioni avrebbero avuto ai diversi movimenti che ho eseguito. Ho creato movimenti diversi e costruito un ponte di stimolazione, attraverso le reazioni del pubblico».

In Occidente, il testimone è raccolto dalla ventisettenne canadese Fedah Sinon (*Pinky doll*): compare vestita di rosa rispondendo con parole tipo *Fire, yes yes yes, amazing, yes pop corn*, e altre amenità alle sollecitazioni degli utenti.

E la nostra Giuliana? Il *made in Italy* Npc – ve lo raccontiamo solo per dovere di cronaca – è più o meno una serie di movimenti da stereotipia autistica con il verso *frrr rah, frrr rah*, che ricorda un po' le fusa dei gatti, inframmezzato dalle ripetizioni di frasi in napoletano *O' core sacro di San Gennaro*, *C'amma fa TikTok?*, *Facimmelo buono*.

Con un po' di nostalgia ricordiamo quei bravi mimi che fanno finta di essere statue e si animano quando un passante gli regala una moneta. Ma questo succede nelle piazze e, alla fine, puoi anche salutare e al limite prendere un caffè con quell'attore se sei curioso della sua storia. Qui il tema è umani che diventano robot e che si abituano a rispondere automaticamente agli stimoli: la legge di Asimov applicata non a macchine ma a persone. In attesa che questi ultimi siano sostituiti anche materialmente da organismi non biologici, da Npc, appunto.

Sadomasochismo virtuale

Inoltre, il sesso del XXI secolo si svolge sempre di più nella dialettica schiavo-padrone. È una nuova forma di sadomasochismo digitale che ci riporta all'antico precetto del divin Marchese de Sade. Sosteneva che occorresse trattare ogni uomo o donna come mezzo per il proprio piacere. Con singolare paradosso storico-filosofico lo diceva proprio alla fine del Settecento, mentre Immanuel Kant fondava la sua morale sulla necessità di trattare ogni uomo come fine e non come mezzo, sintetizzando così, con efficacia, lo spirito dell'Illuminismo.

E che dire oggi della contraddizione schizofrenica tra l'etica del politicamente corretto, del rispetto assoluto dell'individuo e di ogni sua particolarità, dell'inclusione di genere, di legislazioni iperprotettive di rispetto della volontà altrui (*me too*), da un lato, e dall'altro della totale sfrenatezza di queste nuove forme di sadismo e masochismo digitali che arrivano fino alle più disgustanti aberrazioni? Vediamo in atto un porno interattivo violento di dominio sull'altro, ridotto a icona da videogioco, che arriva con facilità nel menù mediatico di bambini e ragazzi. Manca solo la violenza in quanto tale, reale e non rappresentata. Purtroppo, manca poco: i primi segnali (suicidi online) di adolescenti e le aggressioni a sangue provocate dai social sono sempre più frequenti.

Seneca come consulente filosofico, personal trainer, logopedista e nutrizionista

È il momento di un esercizio spirituale e ci rivolgiamo per questo ancora a Seneca. Egli suggeriva – per iscritto – a Lucilio alcuni veri e propri esercizi spirituali, da un punto di vista puramente filosofico (non ancora religioso), che prevedono anche pratiche di controllo dell'alimentazione.

«Era abitudine degli antichi, in uso fino ai miei tempi, scrivere all'inizio delle lettere "Se tu stai bene, ne sono contento, io sto bene". Giustamente noi diciamo: "Se ti dedichi alla filosofia, ne sono contento", poiché alla fin fine questo significa stare bene. Senza la filosofia l'anima è malata; e anche il corpo, se pure è in forze, è sano come può esserlo quello di un pazzo o di un forsennato. Se vuoi star bene, dunque, cura soprattutto la salute dello spirito, e poi quella del corpo, che non ti costerà molto. È sciocco, mio caro Lucilio, e sconveniente per uno studioso esercitare i muscoli, sviluppare il collo e irrobustire i fianchi; quand'anche ti sarai ingrossato e avrai rinforzato i muscoli, non uguaglierai né il vigore, né il peso di un bue ben nutrito. Inoltre, se il peso del corpo è eccessivo, lo spirito ne è schiacciato ed è meno agile. Perciò riduci quanto più puoi la cura del corpo e lascia spazio allo spirito. Se uno si occupa troppo del fisico, ha molti fastidi: per prima cosa la fatica degli esercizi ginnici estenua lo spirito e lo rende incapace di concentrarsi e di dedicarsi agli studi più impegnativi; poi l'abbondanza di cibo ottunde l'acume. A questo aggiungi che, come allenatori, si prendono schiavi della peggior specie, uomini occupati a ungersi d'olio e a bere, che giudicano soddisfacente una giornata se hanno sudato abbondantemente e se al posto del sudore versato hanno ingerito molto vino che a digiuno fa più effetto. Bere e sudare è la vita dell'ammalato di stomaco. Ci sono, invece, esercizi facili e brevi che spossano sùbito il corpo e fanno risparmiare quel tempo che va tenuto in gran conto: la corsa, il sollevamento pesi, il salto in alto, in lungo e quello, per così dire, tipico dei Salii o, per usare una definizione più volgare, del "lavandaio": scegli uno qualsiasi di questi semplici e facili esercizi. Ma qualunque cosa tu faccia, ritorna sùbito dal corpo allo spirito ed esercitalo notte e giorno. L'animo si rafforza con poca fatica; né il freddo, né il caldo e neppure la vecchiaia ne impediscono l'allenamento. Cura quel bene che migliora col tempo. Non ti dico di stare sempre sui libri o sulle carte: bisogna concedere un po' di riposo allo spirito, quanto basta per distenderlo senza svigorirlo. Una passeggiata in vettura, ad esempio, stimola il corpo e non impedisce lo studio: puoi leggere, dettare, parlare, ascoltare, tutte attività che nemmeno il camminare preclude. Non trascurare poi il timbro di voce: io ti consiglio di alzarla per gradi e a intervalli regolari e quindi abbassarla. E se poi volessi imparare come si deve passeggiare? Chiama uno di quelli cui la fame ha insegnato nuovi mestieri: ci sarà chi regolerà i tuoi passi e sorveglierà la bocca mentre mangi: si spingerà tanto avanti quanto tu concederai alla sua audacia con la tua tolleranza e credulità. E allora? Comincerai a parlare gridando e alzando al massimo il tono della voce? È naturale, invece, farla crescere a poco a poco: tanto è vero che anche le parti in causa in tribunale cominciano con calma e finiscono col gridare; nessuno implora subito la protezione dei Quiriti. Quindi, seguendo il tuo impulso, scagliati contro i vizi, ora con più veemenza, ora con più calma, regolandoti come ti suggerisce la voce. E quando la fai ridiscendere e la abbassi, deve calare, non precipitare; deve fuoriuscire in tono misurato, e non violento alla maniera degli zotici ignoranti. Noi non vogliamo che la voce venga educata, ma che educhi.»[74]

Analizziamo Seneca. Da una parte, c'è un nutrizionista *ante litteram*, dall'altra una degenerazione bulimica fino all'autodistruzione; da una parte un logopedista, un antico maestro di retorica che offre indicazioni terapeutiche sulla cura della voce, dall'altra una *tiktoker* siciliana che abusa del linguaggio, di fatto annullandolo; da una parte un *personal trainer* che ci ricorda che con moderazione dobbiamo fare attività fisica (senza le esagerazioni parossistiche del web) dall'altra una riduzione dell'organismo umano a una macchina da sollecitare secondo standard prestabiliti; da una parte un direttore spirituale che dà regole pratiche di vita per l'equilibrio psicosomatico, dall'altra uno svuotamento del dialogo e un proliferare di milioni di maestri e di cattivi maestri in un assoluto relativismo.

74 Seneca, *Lettere a Lucilio*, XV, 4.

L'eredità di Omero: dalla creazione alla traduzione

Fin qui abbiamo parlato del rapporto tra narrazione come linfa vitale, come storia capace di produrre catarsi e identificazione nel pubblico, come linea continua che lega le origini della civiltà occidentale ai nostri giorni, come antidoto alla nullificazione della personalità, al nichilismo e cinismo pornografico della rete. Ora parliamo della traduzione: è davvero così semplice tradurre? Le strabilianti prestazioni di programmi di IA (tipo *DeepL*), sempre più spesso indistinguibili da quelle umane e che ormai chiunque usa con enorme risparmio di tempo e ottimi risultati, soprattutto nel mondo accademico e in quello aziendale, possono sostituire l'atto umano del tradurre? Possono cioè sostituire Bianciardi, Calvino, Pivano, per citarne alcuni?

La traduzione automatica è imbattibile nel creare un calco e trasportare un testo da un codice linguistico all'altro. Di fatto lo trasferisce cambiandone gli elementi esteriori per consentirne la comprensione in un'altra lingua. Il traduttore letterario è invece un autore della storia che traduce in un'altra lingua. Capace di adattare le metafore o i modi di dire, senso dell'umorismo, tic semantici. Chiunque abbia passeggiato verso ottobre a Central Park avrà goduto della straordinaria *Indian Summer*: sarebbe – esperimento fatto con *DeepL* – un'estate indiana, ma senza tracce di indiani e nello Stato di New York. Bisogna sapere che l'estate indiana sarebbe la nostra estate di San Martino. E bisogna forse aver letto Salinger e un buon numero di autori americani per immaginare una bella giornata d'autunno con il cielo azzurro e le foglie rosse in un parco (Central Park). Ma tant'è, con *DeepL* ci siamo giocati la complessità del traduttore, la sua autorialità. Ci siamo giocati Luciano Bianciardi.

«Un capitolo sulla traduzione (ancora da scrivere) sarebbe

assai importante nella storia della cultura. Ogni volta che si traduce, infatti, si allargano i confini culturali di una nazione, si entra in contatto con esperienze e correnti di pensiero di altri popoli; e insieme si volgarizza o, come si dice oggi, si democratizza la cultura, si apre a un numero sempre maggiore di lettori la porta del sapere. Il nostro Umanesimo cercò e fece conoscere le fonti del pensiero classico: grande epoca, perciò di traduttori dal greco.»[75]

La traduzione letteraria è un atto d'autore, irriproducibile dall'IA

Bianciardi continua dicendo che i nostri maggiori autori dell'Ottocento fecero larga esperienza come traduttori. Famosa, per esempio, la versione libera che Vincenzo Monti ci ha dato dell'*Iliade* di Omero, quella che tutti abbiamo conosciuto a scuola: una grande opera di poesia. Ed è altrettanto famosa la satira che a questa traduzione dedicò Ugo Foscolo: «Questi è Vincenzo Monti gran traduttor dei traduttor d'Omero». Foscolo, insomma, accusava il suo contemporaneo di essersi servito di traduzioni altrui anziché di rivolgersi all'originale greco, ma anche Foscolo fu traduttore, anzi, voltò in italiano alcuni canti dell'*Iliade*. Bianciardi ricorda che, dall'inglese, e sotto lo pseudonimo di Didimo Chierico, Foscolo tradusse anche il *Viaggio sentimentale* di Sterne e anche dal greco la più famosa ode amorosa di Saffo, come un secolo dopo fece anche Salvatore Quasimodo. E le due traduzioni di Saffo, inutile dirlo, sono molto diverse.

A seguire gli esempi di traduzione d'autore ricordati da Bianciardi sono numerosi: Giuseppe Antonio Borgese ha tra-

75 L. Bianciardi, *Tutto sommato: scritti giornalistici, 1952-1971*, ExCogita, Milano 2022, p. 712.

dotto Goethe, Grazia Deledda ha tradotto Honorè de Balzac, Marino Moretti ha tradotto Guy de Maupassant, Massimo Bontempelli ha tradotto François-René de Chateaubriand, Angiolo Silvio Novaro ha tradotto *L'isola del tesoro*, Corrado Alvaro ha tradotto Walter Scott, Sibilla Aleramo ha tradotto Madame de La Fayette, Diego Valeri ha tradotto *Madame Bovary*, Riccardo Bacchelli ha tradotto tutto Voltaire. E ancora Elio Vittorini ha tradotto i grandi narratori americani (William Faulkner, Ernest Hemingway, Edgar Lee Masters, John Steinbeck).

Tutto questo, se non fosse chiaro, ci direbbe che tradurre un classico è un'operazione d'autore e non un'operazione neutra perfettamente riproducibile dall'IA come apparentemente accade.

Se pensiamo a una traduttrice per antonomasia come Fernanda Pivano (Nanda per gli amici che hanno avuto la fortuna di conoscerla), possiamo dire che grazie a lei, l'Italia nel dopoguerra ha compiuto un viaggio intercontinentale per arrivare fino agli Stati Uniti. Non solo, quando Cesare Pavese, suo maestro, nel 1938 la introdusse agli autori americani, le disse: «Si faccia una vita interiore di studio, di affetti, di interessi umani che non siano soltanto di arrivare, ma di essere, e vedrà che la vita avrà un significato». Nel 1943 la Pivano venne arrestata per aver tradotto opere vietate in epoca fascista come l'*Antologia di Spoon River* e *Addio alle armi*. E proprio come Pavese, anche lui traduttore, la Pivano ha vissuto sulla propria pelle il processo creativo della traduzione, per aver lavorato, insieme agli autori, in una sorta di collaborazione amichevole, talvolta amorosa, fatta di incontri, inviti, confronti e scambi epistolari, al fine di trasferire nella versione italiana lo spirito più vicino a quello dell'originale, e soprattutto si è impegnata a riprodurre non solo la lingua, ma anche l'effetto di quello stile americano da lei amato. L'attività di traduttrice della Pivano, quindi, come nel caso di ogni autore, è qualcosa che va oltre la semplice resa meccanica in un'altra lingua.

La Pivano diventa quindi esempio dell'importanza della giusta traduzione per creare ponti solidi tra le culture, che altrimenti sarebbero difficilmente in grado di comunicare. È arduo immaginare che la *machine translation* possa ottenere risultati equiparabili all'attività umana: nel migliore dei casi sarà una traduzione meccanicamente impoverita, come abbiamo visto.

La traduzione inventiva di Italo Calvino

Ma è un fatto che oggi la figura del traduttore venga sempre di più declassata e non riconosciuta come attività professionale. Sull'autonomia, originalità e creatività del testo tradotto rispetto a quello di partenza, così come sull'intraducibile, occorre richiamare Italo Calvino, il quale, oltre che scrittore, fu anche traduttore e teorico della traduzione. Il titolo di un suo saggio è indicativo: *Tradurre è il vero modo di leggere un testo,* risalente al 1982. Egli scrive: «Tradurre non è mai facile; ci sono dei casi in cui le difficoltà vengono risolte spontaneamente, quasi inconsciamente mettendosi in sintonia con il tono dell'umore. Ma per i testi stilisticamente più complessi con diversi livelli di linguaggio che si correggono a vicenda, le difficoltà devono essere risolte frase per frase, seguendo il gioco di contrappunto, e le intenzioni coscienti o le pulsioni inconsce dell'autore. Tradurre è un'arte: il passaggio di un testo letterario, qualsiasi sia il suo valore, in un'altra lingua, richiede ogni volta un qualche tipo di miracolo. Sappiamo tutti che la poesia in versi è intraducibile per definizione, ma la vera letteratura, anche quella in prosa, lavora proprio sul margine intraducibile di ogni lingua. Il traduttore letterario è colui che mette in gioco tutto sé stesso per tradurre l'intraducibile».[76]

L'unica soluzione per tradurre l'intraducibile secondo Calvino si trova in quella che lui chiama *traduzione inventiva*, o meglio *reinventiva* che è l'unico modo di essere fedeli a un testo. Per esempio, il rapporto tra Calvino e Queneau va ben oltre la semplice collaborazione autore-traduttore proprio come accadeva per Fernanda Pivano. Entrambi hanno vissuto sulla loro pelle il processo creativo della traduzione in un rapporto personale stretto, confidenziale, con gli autori.

Se tutto questo è vero, ciò non significa che sia di per sé protetto in una riserva; la traduzione artificiale è ultracompetitiva, quindi destinata a prevalere sui traduttori umani e, probabilmente, quell'intraducibile e quel margine di Calvino scompariranno, senza che se ne accorgano i lettori a parte una piccolissima minoranza.

Sossio Giametta (Frattamaggiore, 20 novembre 1929 - Bruxelles, 15 gennaio 2024), grande traduttore dal tedesco di Nietzsche, ha raccontato di avere impiegato un'intera giornata per decidere se tradurre il termine tedesco *Gesindel* con *gentaglia* o *plebaglia*, stando ai dizionari, per poi scegliere il termine italiano *canaglia* non perfettamente sinonimo ma più rispondente al concetto nietzschiano. Analogamente, Giovanni Reale discusse a lungo con Pietro Citati per la traduzione del *Simposio* di Platone sul modo di rendere il greco *mystes* con la semplice translitterazione italiana di *misti* oppure con la spiegazione più comprensibile di *iniziati ai misteri*.

Nei nostri anni di liceo, tradurre dal greco o dal latino, ma anche dall'inglese, voleva dire mettere in atto una serie

76 Cfr. I. Calvino, *Tradurre è il vero modo di leggere un testo*, in *Saggi. 1945-1985*, a cura di M. Barenghi, Mondadori, II, Milano 1995, pp. 1.825-1.831.

di abilità, conoscenze, competenze non solo linguistiche ma anche logiche, storiche, stilistiche, affettive e creative. Eravamo di fronte a Omero, Virgilio, Tacito, Cicerone nella loro arcaica originalità, in un certo senso nudi, con la loro parola originaria, incorrotta. Toccava a noi studenti filtrare quel testo, metabolizzarlo, arricchirci di esso e arricchirlo di noi e finalmente esprimerlo nella nostra lingua. Si capisce che lo scopo didattico non è tanto ottenere un testo stilisticamente corretto ma quello di attivarsi per capire e interpretare.

Giovanni Reale diceva che la cultura umanistica è tale perché produce uomini e non cose. Una traduzione fatta da un umano è qualcosa di vivo, può anche cambiare, magari da un giorno all'altro. E una traduzione sintetica ha una precisione e una rigidità inanimata.

Le figure omeriche come archetipi dell'anima

Torniamo a Omero e alla Bibbia. Il primo lo intendiamo come un creatore di miti e racconti, il secondo come un libro di insegnamenti morali e religiosi. In realtà entrambi sono portatori di un'antropologia straordinaria in cui noi stessi ci sentiamo Ulisse e Penelope, Adamo ed Eva. Già Plotino, nella sua lettura dell'*Odissea*, aveva fatto di Ulisse il simbolo di ogni anima che, gettata nel mare dell'esistenza, deve affrontare i piaceri e i dolori della navigazione di questa vita. Per Plotino, le sirene, Circe, Calipso, Nausicaa, sono le seduzioni amorose che ogni uomo sperimenta nel corso dell'esistenza, ma che, in fin dei conti, sono per Ulisse al contempo un impulso e un freno al suo desiderio nostalgico di tornare a casa da Penelope.

Le lotte contro Polifemo, Scilla e Cariddi, contro i mostri scatenati da Poseidone, sono il simbolo dei dolori e delle fatiche che ognuno di noi deve affrontare, sempre spinto dalla nostalgia del ritorno in patria. Ma che cos'è la patria?

Plotino spiega che certamente è la casa del padre giacché a Itaca vive il padre di Ulisse, cioè Laerte. Ma noi abbiamo anche un padre celeste, è sempre Plotino che parla, per cui la nostalgia del ritorno in patria è anche la nostalgia dell'anima che vuole tornare a Dio.

Ed è per questo che Ulisse è diventato anche il simbolo della ricerca continua in tutta la nostra letteratura occidentale. Plotino interpreta anche Achille come figura dell'anima che, sul campo di battaglia di questa esistenza, viene convertita verso la sapienza divina; si tratta del passo in cui la dea Atena, simbolo della sapienza, tira per i capelli Achille che si sta gettando nella mischia spinto da Ares ma, nel momento in cui viene trattenuto dalla dea, si gira verso di lei e nel suo volto scorge la sapienza divina.

Plotino ci invita a pensare e riflettere prima di agire. L'invito della dea ha un valore attuale: prima di scrivere qualcosa e postarlo, gettandoci nella mischia, proviamo a fermarci, a guardare verso l'alto e non verso lo schermo. E ancora, Ulisse a ogni tappa impara qualcosa, la sua è una navigazione piena di senso: l'eroe sa cosa cerca e in fondo cerca ciò che ha già, va avanti per tornare indietro. E, a ogni tappa è più forte, più consapevole e più determinato. La navigazione nel web, invece, è priva di senso e di direzione. Possiamo passare intere giornate a vagare nel *world wide web* (ragnatela intorno al mondo): ci ritroveremmo privi di qualcosa in più, ma sicuramente con qualcosa in meno (il tempo che abbiamo speso inutilmente). Quel senso di vagabondaggio digitale è forte in Youtube, TikTok, Instagram, nel mondo porno: ogni immagine ne richiama un'altra con una magia algoritmica grazie alla quale veniamo indirizzati verso le cose che mostriamo di apprezzare di più.

Achille e Ulisse sono i nostri miti di persone occidentali. Joseph Campbell dice: «Non è difficile per l'intellettuale moderno ammettere che il simbolismo della mitologia abbia un significato psicologico. Non si può più dubitare, soprattutto dopo gli studi degli psicoanalisti, che i miti siano della stessa natura del sogno, o che i sogni siano sintomatici della dinamica della psiche… Appare evidente che attraverso i racconti fantastici… venga fornita una descrizione simbolica dei desideri inconsci, delle paure, delle tensioni che determinano il comportamento umano cosciente. La mitologia è, in altre parole, psicologia scambiata per biografia, storia e cosmologia».[77]

L'IA, un'intelligenza narrante senza storia e senza anima

E, se il mito per noi umani è parola vivente, per l'IA è solo giacimento di parole. A questa nuova compagna di vita, in maniera proiettiva stiamo affidando, con sempre più trasporto, la produzione di senso delle nostre vite. Ma l'IA non è Ulisse: è orfana di padre e madre, di allattamento, sia in senso biologico sia in senso affettivo sia in senso psicologico, non ha subito traumi, non ha gioie, non ha giocato, non ha memoria dell'infanzia, non ha patria e radici e non ha aspirazioni. Non c'è Anticlea negli Inferi, non c'è Laerte a Itaca, non ci sono Penelope e Telemaco ad attenderla

Questo *nessuno digitale* da qualche parte alla fine ci conduce: è il territorio della prevedibilità dei comportamenti, esattamente ciò che serve al marketing globale per ottimizzare investimenti e risorse sulla base di una conoscenza sempre più dettagliata, sempre più intima dei con-

77 D. Campbell, *L'eroe dai mille volti*, *op. cit.*

sumi attesi. In questo territorio la nozione stessa di *differenza* non è più derivante dal nostro essere umani unici e irripetibili, in quanto creature eccezionali rispetto a ogni norma, bensì (è il capitalismo della sorveglianza di Shoshana Zuboff)[78] una classificazione articolata in diverse classi di consumatori.

L'IA applicata al marketing naviga nel mare della prevedibilità e della predeterminazione degli obiettivi commerciali. Oggi, per la prima volta nella storia umana, le strategie possono avere un respiro globale, pressoché planetario. Solo un esempio: le nuove frontiere dei consumi culturali e della sensibilità di massa prevedono il superamento del *bodyshaming*. L'integrità e la debita proporzione di san Tommaso sono valutati come disvalori. Ed ecco modelli o modelle che qualche anno fa avremmo definito obesi o brutti: quanto ci siamo allontanati dal canone classico della bellezza che coincideva con il bene e dalla figura omerica di Tersite che plasticamente raffigurava il cattivo che è anche brutto!

Teniamoci dunque stretti alla radice antica del mito, della narrazione che ci ha di fatto sostenuto in questa storia trimillenaria e che rischia invece adesso di essere sradicata. Ancora Campbell: «Quei pericoli psicologici che le generazioni passate superavano con l'assistenza dei simboli e degli esercizi spirituali delle loro mitologie e delle loro religioni, noi...dobbiamo affrontarli da soli, o, nel migliore dei casi, con un aiuto incerto, improvvisato e raramente efficace. È questo il nostro problema di individui moderni, illuminati, il cui razionalismo ha escluso l'intervento degli dèi e dei demoni nella vita. Nondimeno, nella moltitudine di miti e leggende che ci sono stati tramandati o che sono

78 S. Zuboff, *Il capitalismo della sorveglianza. Il futuro dell'umanità nell'era dei nuovi poteri*, Luiss, Roma 2023.

stati raccolti in tutti gli angoli della Terra, possiamo intravedere qualcosa del nostro cammino ancora umano. Ma per trarne profitto, occorre sottoporsi in qualche modo a un'espiazione e arrendersi».[79]

79 D. CAMPBELL, *L'eroe dai mille volti*, *op. cit.*

Esercizio spirituale numero 7
GIOCA! RITORNARE A ERACLITO

Giocare a scacchi con l'IA: Kasparov contro AlphaZero

Se questo capitolo fosse scritto in inglese (*Play!*), il senso sarebbe polisemico e più ricco perché significherebbe non solo «gioca!», ma altresì «suona!» e «recita!». Uno dei rari casi in cui la lingua inglese ha più sfumature di quella italiana. Ma, che il gioco sia una faccenda molto seria, è qualcosa che risiede negli anfratti più profondi del pensiero occidentale.

Eraclito ha lasciato un frammento intorno al quale si interrogano generazioni di studiosi. La questione del gioco è emblematica della rivoluzione che l'IA sta portando in tutti gli aspetti della vita umana.

Kissinger, Schmidt e Huttenlocher nel testo già ricordato *L'era dell'intelligenza artificiale*, si riferiscono spesso al caso di Garry Kasparov che si confronta con una IA per il gioco degli scacchi: il miglior programma di scacchi al mondo, *AlphaZero* lo ha sempre battuto e, al momento, nessun essere umano è riuscito a sconfiggere questo programma nel gioco degli scacchi. Le sue tattiche non sono convenzionali: il programma è in grado di sacrificare alcuni pezzi che gli esseri umani ritengono vitali, come la regina, esegue mosse che i suoi programmatori non gli avevano insegnato e che nessun giocatore umano ha mai immaginato.

Adotta tattiche sorprendenti perché, grazie alle numerose partite giocate contro sé stesso, ha previsto che sarebbero state in grado di aumentare le probabilità di vittoria. *Alphazero* quindi non ha una strategia umana proprio perché è plasmato dalla capacità di riconoscere infiniti modelli di mosse in una vasta serie di possibilità che la mente umana non è in grado di calcolare e comunicare.

Kasparov, campione mondiale di scacchi, dopo aver esaminato *AlphaZero*, ha dichiarato che il gioco degli scacchi è stato rivoluzionato dall'IA. È una cosa che ha impressionato i tre grandi autori citati poiché la ritengono emblematica della nozione di imprevedibilità, cioè il gradino in più che distingue un computer intelligente da un'intelligenza artificiale di frontiera, i cui modelli di ragionamento finiscono per diventare imperscrutabili agli stessi programmatori.

Dai videogiochi alla ludopatia

Ovviamente lo stesso discorso si può estendere a tutti i videogiochi. Davanti allo schermo dei computer o di qualsiasi altro *device*, tutti i bambini, e ancora di più i ragazzi, sono esposti al rischio della dipendenza dai videogiochi (terreno di sviluppo fondamentale dell'IA) e alla ludopatia, un meccanismo patologico che di ludico e di creativo ha ben poco, ma che stringe nella morsa della dipendenza milioni di adolescenti e bambini. I videogiochi online stanno ottenendo una fortuna immensa, soprattutto i videogiochi di azione e i nuovi *open world* che mettono a disposizione del giocatore una ambientazione molto vasta e una giocabilità pressoché infinita. Il periodo del *lockdown* nel 2020 ha naturalmente contribuito e innescato un ampio tasso di sindrome da ritiro sociale ludopatico presso gli adolescenti. I visori, che permettono l'isolamento in esperienze immersive, hanno ormai un mercato enorme, perché offrono esperienze di ogni tipo, anche sessuali, che sulla carta sarebbero vietate ai minori.

Già nel 2018, l'ospedale pediatrico Bambin Gesù di Roma ha realizzato uno studio sulle dipendenze videoludiche nei minori,[80] in particolar modo per quanto riguarda i videogiochi online. Esso mette in evidenza il fatto che le dinamiche che entrano in azione quando si gioca da soli a un videogioco online sono simili a quelle che si verificano con l'uso e l'abuso di droghe, ad esempio il rilascio di dopamine nel cervello. La dipendenza si sviluppa quando il gioco online diventa la principale attività nella giornata del ragazzo e da essa scaturisce un'indole ansiosa, irritabile e triste, oltre alla perdita di qualsiasi altro interesse; inoltre, una forte irascibilità quando al ragazzo si fa notare l'enorme dispendio di tempo passato davanti al computer, nonché la tendenza a mentire al riguardo.

Tra una partita e l'altra si soffre di una vera e propria crisi di astinenza nell'impotenza totale dei genitori. Le cause che possono portare a questa dipendenza sono sostanzialmente tre: il *craving* ossia una smania improvvisa incontrollabile di giocare, la crisi di astinenza che affligge il ragazzo in caso di impossibilità di giocare e che si concretizza in una sensazione di irrequietezza associata a sintomi fisici e psicologici; l'assuefazione, ossia la necessità di aumentare progressivamente la quantità di tempo da trascorrere davanti ai videogiochi. Le conseguenze di questa progressiva dipendenza sono l'isolamento sociale, alcuni sintomi dissociativi di diversa natura e la perdita del senso della realtà; inoltre, tra i vari disturbi associati alla dipendenza dai videogiochi,

80 Cfr. C. Civelli - E. Chiapasco, «La dipendenza da videogames: in che modo i videogiochi ci attraggono e soddisfano i nostri bisogni», *State of mind - il Giornale delle Scienze Psicologiche*, 19 settembre 2019.

vi sono l'obesità, disturbi dell'umore, squilibri emotivi e dipendenza da sostanze tossiche.

Nei casi estremi, dicono ancora gli esperti del Bambin Gesù, il ragazzo è portato a rifugiarsi definitivamente nel mondo virtuale, che sostituisce i rapporti sociali e le relazioni personali; da ciò scaturiscono anche problemi di insonnia, difficoltà scolastiche per il tempo che viene sottratto allo studio e compulsione. I disturbi sono anche fisici: dolore agli occhi, secchezza oculare, mal di testa, stanchezza, dolore alle articolazioni, fluttuazioni di peso, incuria per la propria igiene personale, alterazione nell'evoluzione e nell'impugnatura corretta di penne e matite, mal di schiena, affaticamento mentale, alterazione del ritmo sonno-veglia, causato dall'utilizzo di dispostivi portatili prima di andare a dormire; e naturalmente di natura psichica, come problematiche relazionali e sostituzione del mondo virtuale a quello reale, con un avatar che fornisce non solo una seconda identità che offre sicurezza, ma un vero e proprio amico.

Nel caso dei videogiochi d'azzardo, il danno come è ovvio è anche di natura economica, e non solo psicologica. Con l'aggravante che il giovane tenderà a mentire sul patrimonio sperperato e a rubare ai genitori e a cercare fonti di sostentamento economico anche in situazioni pericolose.

Un metaverso ludico virtuale

Teniamo conto che quando è stata realizzata questa ricerca sull'impatto dei videogiochi sui giovani, ancora l'IA di fatto non era sviluppata a livello di applicazioni utilizzabili da chiunque. Quello che dobbiamo aspettarci, pertanto, è sicuramente un fortissimo sviluppo del realismo, dell'immersività, della capacità di seduzione dei videogiochi offerti ai nostri ragazzi – offerti per altro in modalità gratuita, poiché i messaggi pubblicitari sono incorporati nel gioco. In pratica, la migrazione di milioni di giovani menti in un metaverso ludico virtuale è già avvenuta. Si tratta di impedir loro di fare quel viaggio e di riportarli nel gioco reale, dove il confronto con l'altro e la frustrazione della sconfitta sono elementi formativi basilari.

Stefano Vicari, capo di neuropsichiatria infantile del Bambin Gesù di Roma, spiega: «I siti sono molti e diversi, in genere sono comunque giochi, anche giochi d'azzardo, ma non necessariamente. La dipendenza sfrutta l'emisfero del cervello che accende la gratificazione, ma in generale la dipendenza può derivare anche dal comunicare con dei coetanei, appartenere a delle chat, entrare in chat particolari in cui si discute di temi di interessi specifici, anche autolesionismo. La dipendenza è insita nello strumento stesso e nel suo utilizzo, è una dipendenza cosiddetta di *device* e poi una grossa parte la fanno i *social network*, dal momento che il tempo che i minori dedicano a queste piattaforme è elevato. Molti studi documentano e riferiscono tempi di uso che vanno fino a sei ore al giorno da parte di bambini e adolescenti. Se dividiamo la giornata, vuol dire che all'uscita da scuola, il bambino inizia e non stacca fino all'addormentamento».

Il ragazzo è sottoposto a un'intossicazione che arriva da più vie: non solo videogiochi che lo trasportano in universi completi e paralleli (vedi *Roblox* o Gta - *Grand Theft Auto*, non ci si pensa ma vuol dire «furto aggravato di veicoli»: nel luglio dello scorso anno ha venduto ben 380 milioni di copie) posti virtuali dove è lecito e consigliabile delinquere, uccidere, torturare, rubare, ma anche *web series* come, per citare uno dei più diffusi ed emblematici, *Skidibi toilet*.

Si tratta di *short-video* dove i «protagonisti» sono dei gabinetti semoventi da cui escono delle teste che cantano il remix di un insulso motivetto virale su TikTok, cioè *Skibidi Dop Dop Yes Yes*. I gabinetti con le teste sembrerebbero i cattivi della situazione, e dai video si deduce che stiano combattendo una guerra contro una presupposta umanità, qui rappresentata da uomini con la tv o altri *hardware* al posto della testa.

Il risultato? Oltre 23 milioni di iscritti e miliardi di visualizzazioni del canale YouTube (denominato *Dafuq!?Boom!*) la cui popolarità non sembra destinata a scemare presto.

Nella testa delle giovani generazioni ci sono storie nella peggiore delle ipotesi di superviolenza, nella migliore di volgare demenzialità. La videodipendenza da televisione sembra essere un pezzo di archeologia mediatica novecentesca: i pericoli della pedagogia degli anni '90 fanno sorridere rispetto agli idoli digitali odierni che si comportano anche come personaggi veri e che possono indurre gli utenti a suicidarsi per spirito di emulazione.

In più cade la barriera tra mondo reale e virtuale: milioni di ragazzi sono persuasi che esista un oggetto che si chiama *Siren head*, un mostro altissimo con strane sirene sulla testa (che ricorda i pali con sirene antiincendio nei dintorni delle città americane). È una delle tante leggende metropolitane che popolano l'immaginario horror di bambini e ragazzi. Difficile per molti di loro fare ritorno nel mondo delle cose reali.

Torniamo a Vicari. Egli illustra quali sono i primi sintomi della dipendenza ludopatica: «Bisogna che i genitori siano con i figli, li guardino e stiano attenti ai cambiamenti: quando un ragazzino diventa irritabile mentre prima era tranquillo e sereno, faceva sport, a scuola se la cavava e aveva amici, e ora comincia a non voler più uscire, abbandona il calcio, lo sport, le attività, quando il rendimento scolastico peggiora, dorme male, mangia peggio, ingrassa e questi cambiamenti non sono di qualche giorno, perché tutti gli adolescenti attraversano momenti di questo tipo, ma durano intere settimane fino a un mese, vuol dire che non ce la fa a reggere lo stress».

È chiaro che i videogiochi sono una forma di gioco-veleno contro i giochi sociali, lo sport, le partite, che invece in questa prospettiva diventano un gioco-medicina.

La terapia dei giochi tradizionali

E qual è la terapia che Vicari propone? Se la dipendenza determina solo ansia o depressione, l'intervento è un sostegno alla consapevolezza che aiuta a capire dove sta il problema e come si può risolvere: è ovvio che bisogna allontanare il ragazzo dallo strumento che ha determinato la dipendenza, ma con un intervento su tutta la persona.

A costo di sembrare naïf, diremo che i giochi di società tradizionali come anche i giochi di carte in famiglia costituiscono la più efficace alternativa terapeutica ai videogiochi, se non addirittura un antidoto. Risulta rivoluzionario dire ai genitori: «Giocate con i vostri figli», dove la preposizione semplice *con* è ricca di ingredienti emotivi, affettivi e educativi di cui i ragazzi hanno enorme bisogno.

Si invoca, con una automatica delega alle istituzioni, una campagna un po' illuminista di educazione dei ragazzi al rispetto e alla non violenza, una cosiddetta educazione all'affettività. E non si sottolinea con forza il fatto che il germe della violenza è incorporato nei cellulari che hanno negli zaini, nel mondo virtuale apparecchiato per loro dall'IA e dalle grandi piattaforme di gaming e di comunicazione. Probabilmente una politica di tono, lo diciamo con franchezza, proibizionistico nei confronti di piattaforme *social* e videogiochi sarebbe ben più efficace.

La filosofia del gioco a partire da Eraclito

Alcuni filosofi del Novecento hanno riflettuto sul significato del gioco come metafora dell'esistenza umana (Johann Huizinga, Eugen Fink, Roger Caillois). Per Huizinga,[81] il gioco è un codice antropologico preculturale, presente addirittura anche negli animali superiori che ci abitua a un rapporto con noi stessi, con gli altri e con l'ambiente circostante in un esercizio ludico preparatorio alla vita; per Fink, invece, il gioco è un simbolo del mondo, che tiene insieme aperti gli spazi e i tempi per l'essere delle cose. Infine, Caillois ha passato in rassegna tutti i tipi di giochi nelle varie culture, confrontandoli e facendo di essi dei veri e propri archetipi esistenziali.

Questi archetipi sono stati studiati a fondo anche da James Hillman, un autore che ha popolarizzato la psicanalisi junghiana con veri propri e propri *best sellers*, nel caso del gioco *Puer Aeternus*. Un giovane filosofo italiano, Jacopo Nero Verani,[82] ha riletto tutta la filosofia del gioco di questi grandi del Novecento alla luce di un unico frammento di Eraclito: «Il tempo è un bambino che gioca lanciando i dadi, il regno è del bambino».[83] Il frammento è un enigma e l'enigma è, come si sa, il modo privilegiato del filosofo efesino per esprimere la sua dottrina. I suoi aforismi sono da lui stesso paragonati ai responsi dell'oracolo di Delfi; questi né afferma, né nasconde, ma parla per enigmi[84] e, purtuttavia, l'enigma stesso è un gioco.

81 Cfr. J. Huizinga, *Homo ludens*, Einaudi, Torino 1979.
82 J.N. Verani, *Il gioco di Eraclito*, Mimesis, Milano 2023.
83 Eraclito, frammento 52 (Diels-Kranz).
84 Eraclito, frammento 93 (Diels-Kranz).

Quante pagine sono state spese nella storia della filosofia per esaminare questo unico frammento? Proviamo noi, con l'aiuto di Verani, a sciogliere questo enigma di Eraclito. Che cos'è questo *Aion*? Cos'è il *Pais*? Cos'è il gioco? Cos'è la potenza?

Aion è il tempo del mondo, il *pais* è l'unificazione di Apollo e Dioniso, nei due momenti del creare e del distruggere, è il gioco della *physis* (natura) che possiamo giocare o subire.

Stiamo ai testi. Il frammento di Eraclito è stato tradotto in modi così diversi e addirittura contradditori al punto da generare interpretazioni filosofiche completamente discordanti (ricordiamo quanto detto sull'ambiguità intrinseca della traduzione creativa), mentre se interrogate l'IA (cosa che non abbiamo fatto!) probabilmente troverete una sola traduzione che immaginiamo sia la seguente: «L'eterno è un bambino che gioca con le pedine, il regno di un bambino».

Ma la situazione non è così semplice come nella mente sintetica del traduttore digitale. Nelle varie lingue la traduzione dà vita a soluzioni diverse.[85]

In italiano, la situazione non è meno variopinta: le avventure ermeneutiche del frammento sono vertiginose. Eccole: *Il secolo è un fanciullo che scherza, che giuoca a dama, che*

85 In latino*: Aevum puer est ludens, calculos in alea movens; pueri est regnum* (J. Migne*); Aevum puer est jocans, calculisque ludens; huius vero pueri regnum est* (J. Burkhardt); in tedesco: *Die Lebenszeit ist ein Knabe, der spielt, hin und her die Brettsteine setzt: Knabenregiment!* (H. Diels - W. Kranz*); Der Aeon ist ein Kind beim Brettspiel; eines Kindes ist die Herrschaft* (M. Heidegger, che però in altre versioni mutò la traduzione di αἰὼν in «Weltzeit»/ tempo del mondo o in «Seinsgeschick» / destino dell'essere); *Das ewige Leben ist ein Kind, spielend wie ein Kind, die Brettsteine setzend; die Herrschaft gehört einem Kind* (J. Mansfeld); in inglese: *(Human) age is a child playing, playing dice (or draughts): a child has the kingly power* (M. Marcovich); in francese: *L'eternité est un enfant qui enfantille, qui joue aux osselets: à l'enfant la royauté!* (S. Mouraviev).

va all'impazzata (L. Settembrini); *L'età (umana) è un giuoco di fanciulli, che giuocano a dama; un fanciullo ha potere regale!* (R. Mondolfo); *La vita è un fanciullo che gioca, che sposta i pezzi sulla scacchiera: reggimento di un fanciullo* (G. Colli); *Il tempo è un bimbo che gioca con le tessere di una scacchiera; di un bimbo è il regno* (C. Diano); *Il tempo è un fanciullo che giuoca spostando i dadi: il regno di un fanciullo* (G. Giannantoni); *Il tempo è come un bambino, un bambino che gioca lanciando i dadi: il suo regno è il regno di un bambino* (G. Reale); *L'aion è un fanciullo che si trastulla e gioca col tavoliere: il regno di un fanciullo* (E. Severino).

A una lettura appena un poco approfondita, si scopre che questo frammento è così tanto ricco di significati che le sue ramificazioni colpiscono tutte le più importanti civiltà antiche: quella greca, il fanciullo può essere Zeus, Apollo o Dioniso; quella persiana, il fanciullo può essere Ciro, Dario o Serse; quella ebraica, il fanciullo è stato identificato con Mosè; quella cristiana, il fanciullo è stato identificato con Gesù Bambino.

Caso, necessità e controllo nei vari tipi di gioco

Questa stessa polivalenza riguarda il tipo di gioco. Di che tipo di gioco si tratta? Perché il gioco a dadi suggerisce la casualità, mentre il gioco a scacchi o a dama rinvia, al contrario, a una forma di controllo intelligente e di necessità. Questo rapporto tra la necessità del calcolo e la casualità del lancio dei dadi è proprio il punto di confine, la frontiera superata la quale l'IA *generale* (come si chiama nella sua forma più evoluta) potrà sostituire l'umano di fatto estinguendolo Una casualità puramente fittizia perché essa non è altro che la risultante di un calcolo di tutte le possibili variabili; ma comunque in grado di conferire quel tocco di umana imprevedibilità alle evoluzioni della macchina pensante. Il gioco di Eraclito, anche sulla base di testimonianze archeologiche dell'antica Efeso, era con ogni probabilità la *tavola reale*, che prevedeva un misto di caso e di calcolo; ma è soprattutto il significato cosmologico allegorico del gioco che ci interessa; nella lettura stoica esso rimanda al destino, in quella epicurea al caso, e infine, nella lettura giudaico-cristiana e neoplatonica, al Dio (o al Demiurgo) che crea giocando o gioca creando. Infine, nella lettura nietzschiana del *Così parlò Zarathustra*, il gioco del bambino diviene la figura principale dell'innocenza del divenire che crea e distrugge senza posa.

Il gioco dell'IA e il gioco di Dio

Possiamo immaginare l'IA come un bambino capriccioso e onnipotente, come i bambini sono, che gioca e mai perde. Un bambino figlio della *Singularity*: «La Singolarità rappresenterà il culmine della fusione tra il nostro pensiero e la nostra esistenza biologica con la tecnologia; sarà un mondo ancora umano ma che trascenderà le nostre radici biologiche. Dopo la Singolarità non ci sarà distinzione tra umano e macchina o fra realtà fisica e virtuale. Se vi chiedete che cosa resterà senza alcun dubbio umano in un mondo simile, sarà semplicemente questa qualità: la nostra è la specie che di per sé cerca di estendere il suo ambito d'azione fisico e mentale al di là delle limitazioni attuali».[86]

Questo bambino prepotente, onnipotente e onnicalcolante assomiglia molto alla mente divina teorizzata da Einstein.

86 Cfr. R. Kurzweil, *La singolarità è vicina*, *op. cit.*

Per il padre della relatività «Dio non gioca a dadi», ovvero è tutto calcolo e tutto controllo, non c'è spazio per il caso; in effetti, la dialettica caso-necessità tocca il cuore profondo del divenire del cosmo e, in ogni momento, influenza la nostra vita.

Immergiamoci nel celebre fiume di Eraclito: questo nostro gesto, per il maestro di Efeso, può avvenire una sola volta, è unico e irripetibile, come ogni istante della nostra vita. È la legge del divenire: tutto scorre, nulla si crea, nulla si distrugge ma tutto cambia.

Usciti dal fiume di Eraclito ci troviamo davanti a un bivio: da una parte la strada degli stoici per i quali tutto è necessario e il fiume scorre e gira sempre su sé stesso, secondo l'eterno ritorno dell'uguale (è l'ispirazione della celebre formula nietzschiana). Quell'istante, quel nostro bagno nel fiume, è avvenuto, avviene e avverrà infinite volte e sarà sempre uguale a sé stesso. Dall'altra parte, la via degli epicurei per i quali il fiume è una cascata di atomi dove infiniti mondi si compongono e si scompongono senza alcuna ragione in modo del tutto casuale. Per cui in effetti l'evento del bagno nel fiume è unico.

Fin qui abbiamo visto che i filosofi non giocano col gioco ma che dietro c'è un pensiero molto serio: un simbolismo che va compreso. Per capire il tipo di gioco di Eraclito ci viene in soccorso Erodoto: il quale narra che gli abitanti della Lidia [la regione di Efeso, *N.d.R.*] avrebbero inventato tutti i giochi poi ereditati dai Greci: i dadi, gli astragali, la palla e tutte le altre specie di giochi, tranne gli scacchi. È evidente che il gioco dei dadi e degli astragali rimanda alla sorte, mentre il gioco della dama e degli scacchi la esclude, alludendo piuttosto a un controllo attento dell'intelligenza, anzi a un conflitto di due intelligenze, senza alcuna casualità. Ricordiamo il conflitto tra l'intelligenza di Kasparov e l'IA con cui abbiamo iniziato questo esercizio, un conflitto in cui l'intelligenza naturale del più grande giocatore di scacchi del mondo soccombe di fronte alle infinite possibilità di calcolo dell'IA. Un gioco quindi che dal punto di vista umano non vale più la pena di essere giocato.

Diciamo anche che Kasparov perde perché gioca in trasferta, ovvero sfida il computer sul suo punto di forza (un'infinita possibilità di calcolo). Ma adesso l'IA sfida l'umano anche sul suo campo proprio: l'apertura verso ciò che ci sfugge, la possibilità dell'errore, l'improvvisazione, il rischio, la creatività, le passioni, la novità e l'irripetibilità di ogni nostro gesto. La salvezza è nell'incontrollabile, non nel controllo totale. *Dove cresce il pericolo, cresce anche ciò che salva*, diceva Friedrich Hölderlin.

Ma è proprio vero che Dio non gioca? Forse il gioco divino è un gioco del terzo tipo che prevede l'interazione della provvidenza con la casualità. Questo gioco esiste ed è il gioco persiano della *tavola reale*: è il già citato passatempo di Eraclito, chiamato anche *tric-trac*, per intenderci l'antenato del *backgammon*, praticato poi dagli imperatori romani e prediletto da Machiavelli. Al responso casuale dei dadi, segue una scelta razionale, ponderata dei passi successivi delle pedine sul tavolo da gioco.

Giocare, creare, ridere: essere liberi

È questo un modo di giocare talmente importante che Platone lo riteneva il gioco creativo del Demiurgo: questo dio creatore dell'universo nella sua mente calcola e controlla tutto, ma nella realtà materiale il libero dispiegarsi degli eventi e ciò che resta del caos originario continuano a essere ostinatamente presenti. Se ci pensiamo, anche il Dio cristiano onnisciente e provvidente, dopo aver creato l'universo secondo leggi necessarie, lascia che ci sia un libero associarsi degli eventi e un residuo del caos originario. Proprio qui è lo spazio del libero arbitrio, quello che è prima di ogni cosa libertà di sbagliare.

E proprio questo ce lo vogliamo tenere stretto sottraendolo a qualsiasi intelligenza aliena che ce lo voglia togliere. Ma vogliamo tenere stretti anche i sentimenti positivi del gioco e le emozioni allegre che esso dovrebbe suscitare. Giocare male significa ammalarsi: la ludopatia è una limitazione del nostro libero arbitrio, una dipendenza grave. Può il gioco suscitare passioni tristi?

Torniamo alla morte di Socrate. In una cella del carcere di Atene, gli era stato concesso di passare le ultime sue ore con allievi, amici, moglie e tre figli. Era allegro tanto che gli astanti piangevano e ridevano nello stesso tempo al suo capezzale, mentre il veleno stava gradualmente facendo il suo effetto. Qui si gioca nel momento della morte, si muore allegramente: precetto stoico per tutti i condannati a morte nei secoli successivi.

In modo opposto e simmetrico sembra essere nostro destino non morire ridendo ma, piuttosto, nascere piangendo: in effetti, si lascia la beatitudine uterina e secondo Agostino si interrompe la comunione dell'anima del nascituro con il mondo celeste. Veniamo gettati in questa vita: e proprio la circostanza di essere gettati sarà l'ispirazione di ogni esistenzialismo. Eraclito/Zarathustra può ridere sia della nascita sia della morte perché in realtà esse sono due momenti dello stesso gioco perenne della natura che, divertendosi come un bambino, tutto crea e tutto distrugge.

Nella lettura platonica, il fanciullo divino figlio di Zeus non è né Apollo né Dioniso, ma è Ermes, il dio che dona agli uomini il gioco degli scacchi e dei dadi, insieme alla scrittura, come abbiamo visto nell'esercizio su Platone.

Così come la scrittura, questi giochi possono essere positivi o negativi. Se il giocatore è il dio e noi altro non siamo che i suoi giocattoli, le sue marionette, le pedine della scacchiera e i dadi che lui lancia a suo piacimento, allora questo non può che essere frustrante per l'uomo che si sente giocato e non giocatore. Il gioco può essere molto pericoloso: un avversario che conosca già tutte le possibilità e tutte le tue mosse è una potenza di dominio che ci vuole sottomettere.

Lasciamo che l'IA giochi con sé stessa

Lasciamo quindi che l'IA giochi con sé stessa, in modo tale che impari che non c'è alcuna possibilità di vittoria al di fuori dei propri circuiti; l'unica mossa vincente è non giocare, come avveniva profeticamente nel film *Wargames* del 1983. Teniamoci invece stretto il gioco autenticamente umano imprevedibile, relazionale, aperto alla casualità della vita, alle passioni, senza alcuna possibilità di vittoria o di sconfitta predeterminate.

Ci stiamo soffermando su questa filosofia del gioco, non per gusto antiquario o filologico, ma perché sono in ballo almeno due questioni fondamentali che ci riguardano tutti e molto da vicino: la natura impersonale, capace di creare e di distruggere, e l'Io di un fanciullo che si inserisce in questo gioco e che diventa uomo attraverso il gioco.

Generazione di studiosi si sono confrontate sul verso in esametri di Eraclito probabilmente perché hanno percepito come noi la grandezza bella e terribile di queste parole, non a caso enigmatiche: da una parte la potenza della natura impersonale che con ineluttabilità crea e distrugge travolgendo qualunque esistenza e dall'altra la leggerezza di un bambino che danza, che gioca e che così cresce.

Siamo partiti dalla ludopatia delle giovani generazioni e dal sequestro della fantasia infantile, da parte di metamondi e metaversi digitali, per scoprire che fin dall'antichità l'ingrediente base nella costruzione dell'umano è proprio il gioco. Se si domina il gioco si domina l'uomo.

Esercizio spirituale numero 8

IMPARA A INSEGNARE. RITORNARE AD ARISTOTELE

Poi ch'innalzai un poco più le ciglia / vidi 'l maestro di color che sanno / seder tra filosofica famiglia. / Tutti lo miran, tutti onor li fanno /: quivi vid'ïo Socrate e Platone /, che 'nnanzi a li altri più presso li stanno.[87]

Dante considera Aristotele il maestro dei maestri ed è in buona compagnia perché, oltre a Socrate e Platone, che al filosofo stanno più vicini, compaiono anche gli autori che abbiamo richiamato nelle pagine precedenti, i medici Ippocrate e Galeno, i filosofi Eraclito e Seneca e anche i poeti come Omero che poco prima Dante aveva incontrato.

Dante considera Socrate, Platone e Aristotele i tre grandi maestri del genere umano, coloro che hanno fatto della *paideia* (l'educazione, la formazione dei giovani), la missione fondamentale della loro esistenza. Del resto, con la sua maieutica, Socrate aveva posto le basi dell'insegnamento a tu per tu da anima a anima nella conoscenza di sé che è anche conoscenza dell'altro e comune scoperta della verità. È certamente vero che Socrate non si considerava un maestro – negava di sapere alcunché e quindi di essere in grado di insegnare alcunché – ma è altresì innegabile che è stato il primo grande educatore dell'umanità. E proprio perché il suo impulso fu rivoluzionario e incompreso, fu accusato di cor-

87 DANTE, *Divina Commedia*, *Inferno*, IV, vv. 130-135.

rompere i giovani. In fondo la carica antiautoritaria del '68, la sua protesta contro metodi gerarchici di insegnamento, la sua messa in discussione del potere dei baroni universitari e del monopolio del sapere devono molto all'antico maestro greco, anche se probabilmente lui (che era uomo d'ordine e che rispettava le leggi della *polis*, non avrebbe apprezzato tumulti e occupazioni).

Platone perfezionò l'impulso socratico e sostenne che il vero insegnante è paragonabile a un seminatore che, prima di deporre i semi nel terreno, sceglie quello più adatto, lo ara, lo lavora e poi si prende cura della piantina appena germinata per tutto il tempo della sua crescita. Non si può, secondo Platone, seminare tutto in qualsiasi posto. Allo stesso modo, per insegnare bisogna non solo conoscere l'oggetto che deve essere trasmesso, ma anche l'anima dell'allievo e saper dosare i contenuti e i tempi di apprendimento in giusta proporzione. Ed ecco la nascita della pedagogia moderna: tutti i trattati di pedagogia partono proprio da Platone, per arrivare, attraverso Rousseau e la grande tradizione dell'insegnamento cattolico (Ignazio di Loyola e Giovanni Bosco), a Montessori e Don Milani. Laddove non si consideri l'alunno alla stregua di un contenitore da riempire e di un soggetto da correggere, ma alla stregua di un'anima da plasmare o di una persona da formare, ogni volta diversa, siamo ancora nella *paideia* classica.

L'IA sale in cattedra (l'insegnante scende)

Ma tutto questo sta per finire: l'IA sale in cattedra e trova un ambiente favorevole. Già ci sono i prototipi dei *Cobot* (robot antropomorfi che aiutano l'insegnante nell'impegno didattico). Ma senza arrivare a questo, già ogni classe è strutturata per offrire una completa educazione digitale: lavagna multimediale, postazioni di lavoro digitali, connessione in rete locale (intranet della singola classe), contenuti didattici su *cloud* che sostituiscono i libri, tastiere che sostituiscono i quaderni. E anche il metodo, oltre che gli strumenti, è pronto per l'IA: tutorial, cattedre telematiche, esami virtuali, schede di valutazione e questionari al posto dei colloqui d'esame. La deumanizzazione di scuole superiori e università anche in Italia procede a grande velocità.

Platone fondò l'Accademia, la prima vera grande scuola dell'umanità: un luogo istituzionale in cui i ragazzi trascorrevano un lunghissimo periodo di tempo della loro vita (Platone aveva pensato addirittura a un ciclo scolastico di 35 anni, dai 5 ai 40), dopo il quale sarebbero stati in grado di accedere alle cariche politiche. L'Accademia era divisa in materie (aritmetica, geometria, musica, astronomia, grammatica, retorica, dialettica) pensate come esercizi della mente, ma anche materie dedicate al corpo (ginnastica e danza). E, se noi oggi chiamiamo la scuola secondaria *Ginnasio*, che in greco significa palestra, è proprio perché Platone aveva scelto come sede della sua Accademia, una palestra. D'altro canto, il nome di Accademia derivava dall'eroe Academo, molto famoso all'epoca perché era stato colui che al tempo della guerra di Troia aveva salvato Elena ad Atene. Aristotele, terzo tra i due sommi, da Platone ereditò l'idea di fondare lui stesso una nuova scuola, che è passata alla storia con il doppio nome di Liceo (da Apollo Licio, il dio a cui la scuola era dedicata) e Peripato (che significa "passeggiata"), giacché Aristotele era solito far lezione passeggiando avanti e indietro con i suoi discepoli. Il Liceo aristotelico era organizzato secondo la classificazione delle scienze da lui stesso teorizzata: scienze puramente teoretiche (teologia, matematica e fisica), scienze pratiche (etica e politica), scienze poetiche (poetica e retorica) e la logica come strumento (*organon*) di tutte le altre, ovvero come metodo rigoroso di analisi, sintesi e classificazione dei dati raccolti.

Tutti e tre (Socrate, Platone e Aristotele) hanno inteso l'insegnamento non solo come vivaio della meglio gioventù ateniese ma anche come educazione personale del giovane politico (democratico o aristocratico) più promettente. Socrate ci provò con Alcibiade, Platone ci provò con il giovane tiranno di Siracusa Dionisio II, Aristotele infine con il giovane principe macedone Alessandro, di cui fu educatore, chiamato dal padre Filippo II.

Dell'attività di Aristotele come educatore di Alessandro, abbiamo notizia sia dalla vita di Aristotele di Diogene Laerzio sia dalla vita di Alessandro di Plutarco: «Quando Aristotele andò ambasciatore degli ateniesi alla corte di Filippo, Senocrate divenne scolarca dell'Accademia; ma quando egli tornò e trovò la scuola sotto un altro capo, scelse la passeggiata pubblica, il Peritato, nel Liceo e, passeggiando fino a quando doveva ungersi, discuteva di filosofia con i discepoli. Onde si ebbe il nome di peripatetico».[88]

A proposito della teoria dell'educazione, sempre Diogene Laerzio ci racconta: «Aristotele era solito dire continuamente sia agli amici sia a coloro che lo frequentavano in qualsiasi tempo e luogo si trovasse a conversare che la vista riceve la luce dall'aria che ci circonda, l'anima dalla scienza. Non si stancava di ripetere a ogni occasione che gli Ateniesi avevano inventato frumento e leggi e che del frumento facevano uso, delle leggi no. Diceva che dell'educazione le radici sono amare, il frutto è dolce».[89]

88 Diogene Laerzio, *Vite dei filosofi*, V, 1.
89 Diogene Laerzio, *Vite dei filosofi*, V, 18.

L'educazione costa fatica

Nell'*Etica Nicomachea* dedicata al figlio, Aristotele spiega perché l'educazione dei giovani è inizialmente per loro faticosa: «Il ragionamento e l'insegnamento, non hanno effetto in tutti i casi; ma l'anima del discepolo deve essere esercitata attraverso le proprie abitudini ad apprezzare e disprezzare i piaceri in modo appropriato, come fa la terra fecondata dal seme. Infatti, chi vive secondo la passione non ascolterà e non comprenderà nemmeno un discorso che tende a distoglierlo da ciò che fa; chi vive in questo modo, inoltre, come potrà mai essere in grado di migliorarsi?»[90]

Come fare allora a favorire un corretto sviluppo delle passioni nei giovani? L'opinione di Aristotele può sembrare molto autoritaria ed è la seguente: «In generale sembra che la passione non ceda di fronte al ragionamento, ma di fronte alla forza. Quindi deve essere presente un carattere già, in qualche modo, predisposto alla virtù, che ama ciò che è moralmente bello e disprezza ciò che è vergognoso. Ma è difficile avere in sorte una buona guida alla virtù fin dalla giovinezza, se non ci si è formati sotto leggi adeguate: infatti vivere in modo temperante e con forza d'animo, per la maggior parte delle persone e, in particolare, per i giovani, non è piacevole. Per questo le leggi devono fissare l'educazione e le attività dei giovani; infatti, diventando abituali, non risulteranno dolorose. Forse, inoltre, non è sufficiente che quando si è giovani si riceva un'educazione e che vi sia chi si prende cura di noi in modo corretto, ma poiché, anche da adulti, si devono compiere quelle attività in modo abituale, anche per questo avremo bisogno

90 Aristotele, *Etica Nicomachea*, 1179 B - 1190 A.

di leggi, e quindi, più in generale, per l'intero ambito della nostra vita; infatti, la gente comune obbedisce più alla costrizione che a un ragionamento, e più alle punizioni che al bello morale».[91]

È la parte meno liberale della *paideia* che sempre Aristotele definisce una radice amara che però porta un frutto dolce. Con ciò intende che se avessimo fin da subito dolcezza e mollezza, il frutto etico-politico della città e delle nostre vite sarebbe amaro. Certo è che la scuola è la base della legge. Così come noi stiamo assistendo all'evaporazione del padre, stiamo assistendo anche all'evaporazione del maestro: in generale, evaporano le figure di riferimento che incarnano il principio di autorità. Di qui all'aggressione quasi quotidiana di insegnanti dentro le nostre scuole il passo è breve. Ma anche di medici o poliziotti. Si calcola che solo da settembre 2022 a maggio 2023, nel nostro Paese, gli episodi di violenza nelle scuole sono stati 5 al mese, in quasi la metà dei casi erano coinvolti i genitori.

Ma torniamo al rapporto tra Aristotele e il suo allievo. Plutarco ci racconta: «Pare a me che Aristotele più di altri abbia inculcato in Alessandro l'amore per la medicina; non solo egli si appassionò alla teoria, ma anche curava gli amici malati, e prescriveva loro cure e diete, come si può ricavare dalle sue lettere. Era anche amante per natura del leggere e dello studio letterario; ritenendo che l'*Iliade* fosse un viatico di virtù bellica (così la definiva), la teneva con sé nell'edizione di Aristotele che chiamano della cassetta, e sempre la poneva con il pugnale sotto il cuscino».[92]

91 *Ivi.*
92 Plutarco, *Vita di Alessandro*, VII, 2.

L'IA sostituisce Aristotele

Aristotele ha segnato per due millenni il modo di insegnare: gli stessi gesuiti prima e Giovanni Gentile poi si sono esplicitamente rifatti allo Stagirita nell'ordinamento della scuola italiana. Ma ora? Siamo di fronte alla possibilità che l'IA in un futuro prossimo possa sostituire i docenti?

Nel report annuale sull'IA, redatto dall'Università di Stanford, al capitolo cinque sull'educazione, si prospetta il modo in cui l'IA si evolverà nei prossimi anni e quale impatto avrà sulla scuola e sull'università. Primo passo: l'utilizzo di strumenti informatici in modo massiccio e onnipervasivo; secondo passo: l'introduzione di una specifica disciplina *computer science* in tutte le scuole. Conseguenza immediata e profonda: la trasformazione del docente in un mero facilitatore di processi e ritmi e cadenze didattiche generate dall'IA.

Ancora lo studio di Stanford ci informa che fino a qualche anno fa l'IA era utilizzata solo in ambito universitario, mentre nell'ultimo anno si segnala la diffusione sempre maggiore nella scuola primaria e secondaria. Nella scuola primaria, l'uso dell'IA ha già preso innumerevoli forme come giochi, conversazioni con l'IA, programmazione interattiva. Gli scopi previsti sono sia di tipo cognitivo (ottenimento di conoscenze e competenze) sia di tipo affettivo (lavoro su motivazioni, attitudini, entusiasmo).

La IA generativa è stata già sperimentata nella scuola per creare immagini fittizie ma altamente realistiche. L'IA, in altre parole, aiuta l'uso del linguaggio naturale nell'interazione con gli assistenti virtuali. Gli studenti che finora non hanno avuto alcuna esperienza di interazione con l'IA sembrano essere i più interessati perché imparano qualcosa di nuovo e diventano immediatamente orgogliosi di essere capaci di disegnare un'immagine attraverso un programma di computer.

Durante un incontro tenutosi a San Diego presso l'Arizona State University nel 2023, è stato chiesto a Bill Gates se ChatGpt potesse sostituire il ruolo dei docenti nel prossimo futuro; a questa domanda egli ha risposto che gli assistenti virtuali e i modelli multimodali dell'IA potranno già nel corso del 2024 facilitare l'apprendimento della lettura e della scrittura dei bambini.

Inizialmente l'IA sarà utilizzata per migliorare le competenze di lettura e scrittura degli studenti, in seguito si evolverà in un sostegno complementare per i docenti. Al momento, Gates non ritiene che l'IA debba sostituire il ruolo del docente, ma piuttosto possa fornire un supporto efficace quanto un tutore umano, contribuendo a colmare eventuali lacune nello studio degli studenti. Ma tutto questo va governato dal docente che deve rimanere, per Gates, il perno del sistema educativo. Per il fondatore di Microsoft sarebbe sbagliato sostituire con una chat il ruolo fondamentale di educatore del docente e, pertanto, dobbiamo essere pronti a governare l'IA anche nella scuola, consapevoli dei vantaggi che apporta, ma sapendo che andrà maneggiata con molta cura.

Il 9 novembre 2023 nelle sue *notes online* Bill Gates ha spiegato come l'IA cambierà completamente la nostra vita nei seguenti ambiti, la salute, la scuola, l'impresa e l'intrattenimento e il commercio. Sulla scuola scrive quanto segue «Per decenni sono stato entusiasta di tutti i modi in cui il software avrebbe facilitato il lavoro degli insegnanti e aiutato gli studenti a imparare. Non sostituirà gli insegnanti, ma integrerà il loro lavoro, personalizzando il lavoro per gli studenti e liberando gli insegnanti dalle scartoffie e da altri compiti, in modo che possano dedicare più tempo alle parti più importanti del lavoro. Questi cambiamenti stanno finalmente iniziando a verificarsi in modo radicale».

Questo è un modo di ragionare tipico riguardo al ruolo dell'IA: prima si dice che è un fenomeno che va governato dall'uomo. Poi che è qualcosa che integra il lavoro umano per consentire all'umano di sviluppare meglio i suoi talenti e le sue attitudini sulla parte alta della sua attività. Ma è una mistificazione sempre più evidente con il progredire dell'IA. In ambito universitario non coadiuva ma realizza in modo integrale documenti, tesi di laurea, traduzioni. Tanto da creare un vero e proprio allarme didattico a livello globale. Nel giornalismo, per esempio, si era detto che l'IA si sarebbe occupata solo delle notizie con una forte base ripetitiva (meteo, finanza, borsa) ma non è quello che sta succedendo. Alcune emittenti in Giappone già offrono interi notiziari realizzati con l'IA e lasciano a casa i giornalisti. E anche in Europa un gruppo come Axel Springer licenzia i giornalisti e li sostituisce con sistemi di IA.

Nella scuola è già attivo l'assistente virtuale didattico, di nome *Khanmigo*, che si autodefinisce *word-class-AI-for-education*. Lo trovate sul vostro cellulare, *tutor for learners*, *assistent for teachers*, pronto a risolvere ogni problema di insegnamento.

Sette in condotta all'IA

Ma quali sono i rischi che l'applicazione dell'IA nella scuola porta con sé?

In tempi di ludopatia e digitopatia, ritrovare a scuola video e tastiere che con enorme fatica le famiglie provano a limitare ha il sapore di una beffa. In pratica, la scuola diventa parte del problema. Ma ancora più importante è il tema della privacy: pensiamo che ogni bambino sarà tracciato su un piano informatico e qualcuno saprà tutto di lui e delle sue prestazioni scolastiche, delle sue attitudini, delle sue debolezze e delle sue fragilità. È una schedatura psicoattitudinale dai risvolti inquietanti, poiché nulla esclude che non rimanga attaccata al destino futuro dello studente condizionandone prima la carriera universitaria, poi quella lavorativa. Gli archivi cartacei sono infatti di faticosa consultazione. Per quelli digitali basta un clic. Infine, il *digital divide*: cosa farà chi non può permettersi gli strumenti tecnici più avanzati? Già oggi, in Italia, la qualità della scuola è drammaticamente diversa da Nord e Sud e da regione a regione e da scuola pubblica e scuola privata.

Il digitale è fonte di discriminazione. Vi è poi il tema della estinzione degli insegnanti con la riduzione della figura del docente a quella di tecnico informatico. Dove va a finire l'aspetto pedagogico, emotivo, affettivo dell'insegnamento? Il maestro o professore, per mille vie screditato, che fine farà?

Ci sono poi numerosi problemi etici nell'uso dell'IA a scuola: ad esempio, come dovrebbe essere utilizzata l'IA per valutare gli studenti, quali decisioni dovrebbero essere prese dalla tecnologia e quali invece dovrebbero essere prese esclusivamente dagli esseri umani? Come controllare ed eventualmente valutare compiti, temi, problemi, verificando che siano stati eseguiti di proprio pugno dagli studenti e non dall'IA?

Ed è molto serio il tema dei contenuti: l'IA porterà a un apprendimento superficiale degli studenti e non a una comprensione profonda; la tecnologia è molto efficace nel fornire risposte immediate e personalizzate ma rischia di appiattire il pensiero critico e la riflessione profonda. È chiaro che il processo di diffusione dell'IA nella scuola non si può fermare, ma gli studenti devono sapere con cosa hanno a che fare, non devono accontentarsi della prima risposta dell'IA a una loro domanda. Devono mettere alla prova, confrontare i responsi, verificare sempre le fonti perché l'IA ha la diabolica capacità di deformare la realtà e inventare le fonti. Non devono lasciare che l'IA rappresenti la loro capacità di scrittura o di pensiero, ma devono restare sovrani del proprio pensiero e del proprio prodotto culturale. E, a proposito di cultura, accenniamo solamente al problema della «educazione dell'IA». Con quali criteri etici, con quali valori, con quale, usando un termine coniato negli anni '50, algoretica, verranno somministrati gli insegnamenti ai ragazzi?[93]

Confessiamo un certo pessimismo: da sempre ciò che è più facile e più comodo sovrasta ciò che è più difficile e più faticoso e dalla notte dei tempi non c'è studente che non cerchi una scorciatoia per rendere meno gravosi i suoi impegni scolastici. Per questo la pericolosità dell'IA a scuola è enorme: avremo gli archivi degli istituti traboccanti di compiti formalmente perfetti ma migliaia di studenti perfettamente ignoranti.

Riprendiamo carta e penna

La reazione a tutto questo è iniziata da alcune scuole elementari che, dopo un iniziale entusiasmo per la scrittura digitale, l'hanno bandita per tornare ai vecchi metodi.

La lettura cartacea di libri e la scrittura manuale con carta e penna sono quelle attività elementari e, allo stesso tempo complesse, per la corretta formazione del bambino e quindi per lo sviluppo della persona umana.

93 Cfr. C. Panciroli - P.C. Rivoltella, *Pedagogia algoritmica, op. cit.*, p. 9.

Sosteniamo con convinzione il diritto di scrivere a mano a scuola. Ogni bambino ha il diritto di attivare tutti gli strumenti, e la scrittura a mano è una delle rare attività che allena i muscoli della mano, la «muscolatura fine» che servirà anche per passare il bottone in un'asola, per allacciare le scarpe, per girare il cucchiaino dentro il caffè.

Al di là del fattore culturale, perché un tempo si insegnava cucito e ricamo? Per la disciplina manuale delle ragazze. Scrivere a mano significa attivare le potenzialità espressive del soggetto fornendo gli strumenti fondamentali dell'organizzazione personale.

Educare alla scrittura manuale è un processo di trasformazione insostituibile per tutti i sistemi personali coinvolti. Aiuta il bambino a crescere in armonia perché nel momento in cui si sforza di scrivere bene e in maniera chiara, anche la sua mente diventa più limpida e il caos si dipana. Non a caso ci si pone davanti a un foglio bianco per iniziare grandi progetti, un semplice gesto: vergar l'inizio (l'*incipit*).

La scrittura, dopo la parola, ci differenzia dagli altri animali. Il bambino si allena a disciplinare sé stesso nel ricciolo delle R: diventa poi progressivamente un gesto automatico; l'adulto non pensa più a come scrive perché pensa soprattutto a quello che deve scrivere, ma in principio l'educazione all'armonia della scrittura significa educazione all'armonia della gestione di tutte le dinamiche: razionali, intellettive, di comprensione, affettive, relazionali.

Anticamente gli scribi erano figure sacrali, nel medioevo gli amanuensi hanno salvato il grande patrimonio classico dalla distruzione. Storicamente il primo colpo all'esercizio della scrittura manuale lo diede l'invenzione della stampa con Gutenberg; oggi il colpo definitivo sembra arrivare dalla scrittura digitale, in procinto di diventare dettatura. Significativa l'evoluzione del linguaggio delle chat: primo step, i messaggi diventano brevi; secondo step, scompaiono le vocali; terzo step, arrivano gli emoticon; quarto step, scompare la scrittura anche in questa forma striminzita e si passa direttamente alla vocalità.

A proposito di vocali, possiamo ricordare che sono state una conquista dell'alfabeto greco rispetto agli alfabeti semitici fatti solo di consonanti, tra cui i più importanti sono il fenicio, l'ebraico, l'arabo. Le vocali, in sostanza, sono state un volano dello sviluppo culturale dei popoli antichi.

Fermino Giacometti, francescano, probabilmente il più grande esperto di grafologia del nostro Paese, insiste anche sugli effetti della calligrafia: «Lo studio della scrittura manuale non è stregoneria, vale quanto l'anamnesi di una curva da encefalogramma. La calligrafia non qualifica la persona, anche perché non c'è una grafia giusta, è lo specchio riflesso di diversi agenti, esistono scritture più o meno armoniche, più o meno coerenti con l'immagine che la persona fornisce al mondo di sé stessa».

La scrittura digitale annulla la personalità dello scrivente: se un manoscritto vale anche perché riflette l'autore – si avvicina all'opera d'arte e può avere un valore commerciale anche come tale – una pagina stampata non ha nessun significato. Nessuno esporrebbe in un museo un foglio stampato anche se fosse la prima copia di una grande opera.

Se non si scrive a mano viene anche meno un canale conoscitivo e uno strumento psicologico e pedagogico nei confronti soprattutto dei bambini. Continua Giacometti: «Annoto evidentemente quelle che sono le potenzialità della persona, quali possono essere i problemi o i disagi che un bambino sta sperimentando, a volte nella disarmonia scopro problemi ai quali il giovane non sapeva dare un nome, che passano spesso attraverso una disorganizzazione. Tante volte è chiara la mancanza di un adulto che non gli si è mai seduto a fianco a farlo scrivere. Sembra follia ma l'esperienza conferma questo dato».

L'Istituto Grafologico Internazionale presso cui lavora Giacometti ha studiato un metodo per arrivare a individuare l'unicità della persona umana nella sua singolarità; l'uomo viene definito «unità psicosomatica dinamica in relazione» e questa relazione passa attraverso la scrittura. Essa mette in evidenza il nesso dinamico dell'Io in azione nello spazio e nel tempo; il modo di procedere sul foglio rispecchia come la persona si pone in relazione con l'esterno e con il futuro.

Forse si esagera perfino circa le qualità della scrittura manuale, ma certo il messaggio forte resta e dovrebbe essere oggetto di meditazione da parte di tutte le insegnanti e gli insegnanti della scuola primaria. La scrittura digitale, in definitiva, non è scrittura umana e non aiuta in niente.

Inoltre, la grafia è di per sé una firma; una lettera anonima è già firmata dalla mia grafia. Al contrario, la scrittura da tastiera è anonima, non consente di risalire all'autore. I leoni da tastiera non esisterebbero con carta e penna. Oltretutto, scrivere a mano significa avere il tempo di soppesare ogni parola, non c'è un invio alla fine del messaggio e tra lo scrivere e l'inviare c'è un intervallo di tempo che consente di ripensarci. Saremmo forse tutti più civili e educati se potessimo scrivere solo a mano.

Anche i neuroscienziati ormai guardano con grande preoccupazione alla digitalizzazione nella scuola. Essi cominciano ad allarmarsi perché stanno notando che a livello cerebrale si stanno evidenziando modificazioni funzionali; i bambini non attivano più certe competenze di cui pure hanno potenzialità. Ci sono aree del cervello che rimangono spente, perché non vengono attivate. Può sembrare banale ma l'importanza di avere un quaderno a righe per la scrittura e a quadretti per i numeri, ciò che consente di stare in determinati binari è un fondamentale processo di educazione. Muoversi all'interno di paletti significa aiutare il bambino a creare una relazione con qualcosa di esterno. Quando io mi muovo per strada, anche lì cammino su delle righe e devo stare attento a non finire sotto le macchine. Il simbolo, il quaderno, la pagina, la riga diventano praticamente lo spazio, il microcosmo in cui mi muovo e in cui cresce il ragionamento. Nel momento in cui scrivo sul foglio quello è il mondo in cui mi esprimo e in cui abito.

Gli Stati Uniti si sono divisi sull'obbligo di insegnare la scrittura manuale per far fronte a un calo esponenziale delle competenze e delle capacità di apprendimento. Per esempio, in contrasto con il *mainstream*, la Carolina del Nord già nel 2013 aveva varato una legge dal titolo inequivocabile, *Back to basics*, proponendo un ritorno alle fondamenta (e dunque anche al corsivo) nei programmi per la scuola primaria.[94] La Francia aveva lasciato libero l'insegnamento della scrittura manuale ma oggi obbliga ogni giorno i bambini della scuola primaria a fare il dettato, ovviamente a mano. La Svezia, che sembrava volesse mettersi al primo posto tra le nazioni occidentali per l'abbandono della scrittura a mano, ha fatto rapida marcia indietro. Il ministro dell'Istruzione del governo svedese Lotta Edholm ha detto: «Si ritorna a carta e penna», inoltre ha annunciato l'abolizione completa dell'apprendimento digitale per i bambini sotto i sei anni.

Oggi nella scuola si invoca, l'abbiamo già detto, l'introduzione di una qualche forma di educazione all'affettività. Forse si dovrebbe chiedere ai ragazzi di mettere nero su bianco (e su carta) i loro sentimenti, come si faceva un tempo con le lettere d'amore, ma ciò vale anche per una vasta gamma di stati d'animo e relazioni.

94 Cfr. E. Di Pasqua, *Corriere della Sera*, 26 ottobre 2013.

Una lettera scritta a mano esprime non solo quello che voglio comunicare, ma anche come lo sto comunicando: se sono tranquillo, serio, ansioso, impaziente, agitato, se premo di più o di meno con l'inchiostro sulla carta. Se scrivo al computer si perde tutta questa parte. La scrittura digitale nasconde i sentimenti e ci trasporta in un mondo di schermi, e quando il mondo è fatto di schermi non si riconosce più l'identità dell'Altro.

Esercizio spirituale numero 9

IMPARA A MORIRE. RITORNARE A SANT'IGNAZIO DI LOYOLA

Nel lungo periodo siamo tutti morti (J.M. Keynes)

La meditazione sulla morte è un esercizio spirituale fondamentale in tutta la tradizione classica, sia greco-latina sia cristiana medievale, da Socrate a Heidegger passando per Sant'Ignazio di Loyola, fondatore dei gesuiti, che abbiamo fin qui tenuto esplicitamente fuori dal nostro orizzonte ma che ora, trattandosi della morte, ritorna necessariamente sulla scena. Del resto, sia Martin Heidegger sia Pierre Hadot provengono da una formazione gesuitica e l'uno desiderava entrare nella Compagnia ma fu scartato per motivi di salute, l'altro fu effettivamente padre gesuita per un certo numero di anni per poi abbandonare la vocazione.

Se diamo uno sguardo alla filosofia antica, esorcizzare la paura della morte è un esercizio ricorrente in tutti i grandi pensatori: Parmenide annullava la possibilità stessa della morte (come anche della nascita) nell'eternità del tutto; i pitagorici, e sulla loro scia anche i platonici, superarono la paura della morte con la credenza nell'immortalità dell'anima e nella metempsicosi, cioè nella possibilità che l'anima umana dopo la morte del corpo possa reincarnarsi in altri corpi sia di esseri umani sia di animali sia di vegetali.

Pitagora, secondo le antiche biografie, era in grado di ricordarsi tutte le sue vite precedenti. Socrate affrontò la morte con allegria, come abbiamo visto, perché riteneva che all'uomo buono e saggio non può capitare nulla di male né in questa vita né eventualmente nell'aldilà. E nel dialogo dove è narrata la sua morte, cioè nel *Fedone*, proprio rivolgendosi ai due pitagorici Simmia e Cebete, immagina che tutta quanta la filosofia altro non sia che un esercizio di morte, cioè una preparazione al distacco dell'anima dal corpo già in questa vita, perché solo concentrandosi su sé stessa, l'anima può veramente conoscere sé stessa, senza essere turbata dalle passioni del corpo: «Tutti coloro che praticano la filosofia in modo retto rischiano che passi inosservato agli altri che la loro autentica occupazione non è altra se non quella di morire e di essere morti. E se questo fosse vero, sarebbe veramente assurdo per tutta la vita non curarsi di altro che della morte, e poi, quando arriva la morte, addolorarsi di ciò che da tanto tempo si desiderava e di cui ci si dava tanta cura. [...] La gente non si è accorta in che senso i veri filosofi siano dei moribondi e in che senso siano degni di morte, e di quale morte! Ragioniamo, dunque, tra noi e lasciamo andare la gente [...] ma risulta veramente chiaro che, semmai vogliamo vedere qualcosa nella sua purezza, dobbiamo staccarci dal corpo e guardare con la sola anima le cose in sé medesime e allora soltanto, come sembra, ci sarà dato di raggiungere ciò che vivamente desideriamo e di cui ci diamo amanti, vale a dire la saggezza: cioè quando noi saremo morti».[95]

Epicuro proponeva di non avere paura né della morte né degli dei nel suo quadrifarmaco perché quando la nostra morte arriva noi non ci siamo e finché ci siamo noi la morte non c'è; dunque noi la nostra morte non la incontriamo mai. A questo si potrebbe obiettare come fecero Cicerone, Seneca

95 PLATONE, *Fedone*, 64 A - 66 E.

e Plutarco che quello di cui abbiamo paura è proprio il non essere più, l'*horror vacui*, la paura del nulla, e che comunque nel corso della vita incontriamo la morte dei nostri cari.

Emblematico è il seguente brano delle lettere a Lucilio, in cui Seneca critica l'approccio epicureo alla morte: «Morirò: è come se tu dicessi: non correrò più il rischio di ammalarmi, di essere messo in catene, di morire. Non sono tanto ottuso da recitare a questo punto la litania epicurea e ripetere che sono falsi gli spauracchi dell'oltretomba; Issione non gira legato a una ruota, Sisifo non spinge con le spalle un masso su per una salita, a nessuno possono ogni giorno ricrescere ed essere divorate le viscere: non c'è uomo così infantile da temere Cerbero, le tenebre e gli spettri sotto forma di nudi scheletri. La morte o ci consuma o ci spoglia; se ci libera dal peso del corpo, rimane la parte migliore di noi; se ci consuma, di noi non resta niente; beni e mali scompaiono allo stesso modo. Permettimi a questo punto di citare un tuo verso; bada, però: non lo hai scritto solo per gli altri, ma anche per te. È vergognoso dire una cosa e pensarne un'altra: ma scrivere una cosa e pensarne un'altra lo è ancora di più. Ricordo che una volta hai trattato questo argomento: noi non precipitiamo all'improvviso nella morte, ma ci avviciniamo a poco a poco. Moriamo ogni giorno: ogni giorno ci viene tolta una parte della vita e anche quando ancora cresciamo, la vita decresce. Abbiamo perduto l'infanzia, poi la fanciullezza, poi la giovinezza. Tutto il tempo trascorso fino a ieri è ormai perduto; anche questo giorno che stiamo vivendo lo dividiamo con la morte. Come la clessidra non la vuota l'ultima goccia d'acqua, ma tutta quella defluita prima, così l'ora estrema, che mette fine alla nostra vita, non provoca da sola la morte, ma da sola la compie; noi vi giungiamo in quel momento, da tempo, però, vi siamo diretti. Dopo aver delineato questi concetti con il tuo solito linguaggio, sempre sostenuto e tuttavia mai più penetrante di quando metti le parole al servizio della verità, scrivi: "La morte non viene una volta sola: quella che ci porta via è l'ultima morte"».[96]

Il brano è uno straordinario manifesto pro morte. Il finissimo precettore di Nerone, che lo costrinse al suicidio, ci dice che *la morte è con noi tutti i giorni e la costruiamo lentamente in ogni momento della nostra vita.* Al contrario del modo greco di morire che con Epicuro fa della morte una grande assente, una rimozione tombale. Noi oggi siamo più epicurei e in questo la nostra più grande alleata è l'IA.

La resurrezione dei Beatles

L'IA ci pone di fronte a scenari inauditi anche su questo tema che finora sembrava relegato al campo della fede. Siamo di fronte alla possibilità di un'immortalità digitale e addirittura alla possibilità di una resurrezione virtuale. Forte è l'impatto globale che ha avuto il caso di *Now and then* in cui l'IA ha riportato in vita due dei Beatles scomparsi da tempo, cioè John Lennon e George Harrison.

Billboard non mente mai, anche se non può compiere miracoli. Come è possibile allora che nel novembre 2023, come se fossimo negli anni '60, in cima alla classifica dei singoli più venduti ci sia finita una canzone inedita e appena incisa dai Beatles al completo, con tanto di video al corredo, con soli due membri della band ancora in vita? Semplice o tremendamente complesso a seconda dei punti di vista. Quel posizionamento in classifica non è altro che una vittoria della tecnologia sulla stessa morte dato che è come se John

96 Seneca, *Lettere a Lucilio*, I, 24.

Lennon sia di fatto tornato in studio con la sua voce, accompagnato dal basso di Paul McCartney incollato al ritmo essenziale di Ringo Starr con la chitarra solista di George Harrison (scomparso a sua volta nel 2001). Paul McCartney ha detto alla BBC: «John avrebbe amato quello che abbiamo fatto. Se avessi la possibilità di chiedergli *Hey John, ti piacerebbe se finissimo una delle tue ultime canzoni?* Io ve lo dico, la sua risposta sarebbe: Certo».[97]

La traccia vocale di *Now and then* arriva da una registrazione casalinga che John realizza nel 1978 nel suo appartamento di Manhattan, in quel Dakota Building di fronte al quale perderà la vita, ucciso da quattro proiettili sparati da uno squilibrato.

I Beatles superstiti avevano già provato a usare quella canzone. Il brano, infatti, è dentro una musicassetta di incisioni casalinghe di Lennon che Yoko Ono, moglie del musicista, ha dato a Paul nel 1994. In quelle registrazioni ci sono le versioni demo di *Free as a Bird* e *Real love* che Paul, Ringo e George reincideranno e pubblicheranno nell'*Anthology* numero 1.

Durante le sessioni di registrazione si cerca di usare anche *Now and then* ma è di fatto impossibile, con le tecnologie del tempo, separare la voce dal pianoforte usato da Lennon per accompagnare la canzone e dai rumori ambientali. Il brano viene accantonato. Fino appunto al 2023.

«Avevamo una demo con la voce di John e in sottofondo un pianoforte» racconta Paul. «Il regista Peter Jackson è stato in grado di districare la voce di John da un piccolo pezzo di musicassetta grazie all'intelligenza artificiale. I suoi tecnici possono dire infatti alla macchina: *Questa è la voce. Questa è una chitarra*. Così quando siamo arrivati a realiz-

97 Paul nel *making off* del video di *Now and then*.

zare quello che sarà l'ultimo disco dei Beatles, siamo stati in grado di prendere la voce di John e renderla pura attraverso questa intelligenza artificiale. Poi possiamo *mixare* il disco, come si farebbe normalmente. Abbiamo quindi anche avuto un margine di manovra».

Cosa c'entra il regista premio Oscar della trilogia de *Il Signore degli Anelli* con tutto questo? Se si è arrivati a poter utilizzare la voce di John Lennon, riuscendo laddove altri *sound engineers* tra i più quotati al mondo hanno fallito, è grazie infatti al software utilizzato dal cineasta australiano per realizzare la miniserie *Get Back* sui Beatles.

Per ripulire e migliorare l'audio dei filmati usati per l'opera, Peter Jackson ha infatti isolato le singole tracce audio degli strumenti utilizzati dai Beatles grazie al software Mal, *Machine Audio Learning*. Come il suo quasi omonimo Hal, sistema operativo di *2001 Odissea nello Spazio*, Mal è un software sbalorditivo: riesce a identificare le diverse frequenze sonore, eliminando disturbi impercettibili dall'orecchio umano, ripulendole da interferenze e rumori grazie alla potenza e velocità di calcolo dell'IA.

Jackson non è nuovo a imprese di questo tipo. Nel documentario *They Shall Not Grow Old* (titolo italiano: *Per sempre giovani*) Jackson ha restaurato e ripristinato l'audio dei filmati girati nelle trincee e negli accampamenti dell'esercito inglese, durante la Prima guerra mondiale. Un impressionante lavoro che ridà vita a quei volti perduti di giovani soldati caduti durante la Grande Guerra senza, appunto, come afferma il titolo, crescere e diventare vecchi. Anche John Lennon, a modo suo, sarà per sempre giovane, non sapremo mai come sarebbe stato da anziano.

«Abbiamo visto un po' di confusione e speculazioni al riguardo. Sembra che ci siano molte ipotesi là fuori. Non posso dire molto ma per essere chiari, nulla è stato creato artificialmente o sinteticamente. È tutto reale e tutti ci giochiamo sopra. Abbiamo ripulito alcune registrazioni esistenti, un processo che va avanti da anni», chiarisce McCartney in risposta a chi ha ritenuto l'operazione troppo tecnologica o addirittura poco autentica, in un'epoca in cui i software di IA riescono a ricreare artificialmente le voci dei cantanti più famosi per realizzare video su TikTok. «Non sono molto su internet [ma] la gente mi dirà: "Oh, sì, c'è una traccia in cui John canta una delle mie canzoni", ed è solo AI, sai? È un po' spaventoso ma emozionante, perché è il futuro. Dovremo solo vedere dove ci porterà.»

Merita una riflessione il fatto che *Now and then* sia il punto di incontro di due grandi miti del Novecento, quello del vitalismo beatlesiano e quello della ricerca tecnologica dell'immortalità. *Now and then* in italiano significa *di tanto in tanto* ma non sfugge che letteralmente significhi *ora e allora*, ovvero vita e morte: l'attualità dell'esserci, l'*hic et nunc*, e il salto in una temporalità futura che ci piace immaginare senza limiti. Esiste una sterminata letteratura sui doppi significati delle imprese beatlesiane (la morte di Paul, la copertina di Abbey Road, il mistero del *White album*, registrazioni da ascoltare al contrario) ma certo questo titolo si presta perfettamente a speculazioni. Sta di fatto che con *Now and then*, con la sua conturbante presenza come *hit* in tutto il mondo, si apre il dibattitto sull'ora e sempre, sul non morire mai. Walter Benjamin denunciava la morte dell'arte nell'era della sua riproducibilità tecnica. Ma con John Lennon siamo oltre, siamo alla riproducibilità tecnica dell'artista non più della sua opera. Infatti, già si tengono concerti virtuali, di artisti digitali ma anche mostre di artisti che non esistono in natura e siamo in attesa del primo grande romanzo *best seller* mondiale scritto da un Salinger artificiale.

Accettiamola di buon grado

In fondo, come insegna il mito greco di Orfeo ed Euridice, chi ha l'occasione di riportare in vita i propri amati deve sapere che basta davvero poco, un semplice passo falso, uno sguardo di troppo per vanificare tutto, trasformando quella che fino a un attimo prima sembrava un sogno realizzato in una eterna condanna (Orfeo non doveva voltarsi indietro a guardare Euridice durante la risalita dall'Ade, lo fa e la perde per sempre).

Pierre Hadot, come più volte abbiamo già ricordato, ha fatto notare quanto gli esercizi spirituali gesuitici di meditazione sulla morte abbiano un'origine classica. A titolo di esempio, oltre ai brani già citati di Platone e Seneca, emblematico è anche un passo di Marco Aurelio, che piaceva molto ad Hadot: «Non disprezzare la morte, ma accettala di buon grado, in quanto anche questa è una delle cose volute dalla natura. Come il compimento della giovinezza e della vecchiaia, lo sviluppo e il pieno rigoglio, la dentizione, lo spuntare della barba, l'incanutire, e l'ingravidare, la gravidanza, il parto e tutte le altre attività naturali che giungono con le stagioni della vita, così è anche il dissolvimento stesso. Questa, quindi, è la condotta dell'uomo che ragiona: non porsi, di fronte alla morte in termini troppo generici, oppure di rifiuto o sdegno, ma attenderla come una delle operazioni naturali. E come ora attendi il momento in cui dal ventre di tua moglie uscirà un bimbo, così aspetta il momento in cui la tua anima si sfilerà da questo involucro. E – se vuoi anche una regola che non è filosofica, ma sa arrivare al cuore – ti renderà ben disposto alla morte soprattutto considerare gli oggetti da cui stai per staccarti, e con quali caratteri la tua anima non dovrà più essere mescolata. Perché, anche se non bisogna assolutamente porsi in urto con essi, e anzi bisogna prendersene cura e sopportarli con pazienza, non devi tuttavia dimenticare che il tuo non sarà un distacco da uomini che condividano i tuoi stessi principi. Questa sarebbe, se mai, l'unica ragione a far da contrappeso e a tenerti attaccato alla vita: la possibilità, cioè, di convivere con persone che si sono dotate dei tuoi stessi principi. E invece tu vedi bene, adesso, quanto sia logorante il dissenso con chi ci vive accanto, al punto che uno dice: "Vieni presto, morte, perché anch'io non debba arrivare a dimenticare me stesso"».[98]

Ignazio di Loyola: la morte come criterio regolativo

Anche Ignazio di Loyola riteneva la riflessione sulla morte un fondamentale esercizio per prendere consapevolezza della nostra finitezza e per prepararci cristianamente alla vita eterna; ha anche un significato retrospettivo per vivere una vita autentica, e in questo si vede la formazione gesuitica sia di Heidegger sia di Hadot. Per Ignazio ogni decisione che viene presa nel corso di questa vita, soprattutto se si tratta di qualcuno che si trova in posizione di comando, dovrebbe essere presa immaginando che questo sia l'ultimo atto della nostra vita: «Devo considerare, come se fossi in punto di morte, il criterio e la misura che allora vorrei aver tenuto nella presente elezione; e così regolandomi, prenderò fermamente la mia decisione».[99]

E, anche un altro esercizio è molto simile: «Voglio considerare, come se fossi in punto di morte, il criterio e la misura che allora vorrei aver tenuto nel mio compito di ammi-

98 Marco Aurelio, *Pensieri*, *op. cit.*
99 Ignazio Di Loyola, *Esercizi spirituali*, n. 186.

nistratore; e regolandomi su questa, la osserverò nella mia elargizione».[100]

La meditazione della morte, nel mondo gesuitico, d'altro canto, è da tenere presente quotidianamente sia al momento del risveglio con i propositi per la giornata, sia alla sera al momento dell'esame di coscienza prima di addormentarsi. Leggiamo un altro esercizio: «Appena sveglio, senza distrarmi con altri pensieri, rivolgerò subito l'attenzione a quello che devo contemplare nel primo esercizio della mezzanotte. Mi sforzerò di provare vergogna per i miei tanti peccati, proponendomi qualche esempio, come quello di un cavaliere che si trova alla presenza del re e di tutta la sua corte, pieno di vergogna e di umiliazione per averlo offeso gravemente, pur avendo prima ricevuto da lui molti doni e molti favori. Così pure, nel secondo esercizio mi immaginerò come un grande peccatore incatenato, sul punto di comparire, stretto in catene, davanti al sommo ed eterno Giudice; mi proporrò l'esempio dei carcerati che, incatenati e ormai degni di morte, compaiono davanti al giudice terreno. Mi vestirò trattenendomi in questi o in altri pensieri, secondo l'argomento della meditazione».[101]

La morte diventa con Ignazio una sorta di criterio regolativo della nostra vita, un *gold standard* in base al quale adottare la migliore scelta possibile, la più libera, quella senza compromessi ispirata al massimo bene, quella che faremmo in punto di morte, senza dover sottostare a nessun compromesso. Da questa posizione ignaziana, il giovane Heidegger indubbiamente ha tratto la sua riflessione tutta laica sulla vita umana autentica come essere-per-la-morte.

100 Ignazio Di Loyola, *Esercizi spirituali*, n. 340.
101 Ignazio Di Loyola, *Esercizi spirituali*, n. 74.

Heidegger, l'uomo autentico pensa alla morte

Anzitutto Heidegger chiarisce che l'essere-per-la-morte sovrasta l'esserci tipico dell'uomo, l'unico ente che sa la propria finitezza: «La morte sovrasta l'esserci. La morte non è affatto una semplice presenza non ancora attuatasi, non è un mancare ultimo ridotto *ad minimum*, ma è, prima di tutto, un'imminenza che sovrasta. Ma all'esserci, come essere-nel-mondo, sovrastano molte cose. Il carattere d'imminenza sovrastante non è esclusivo della morte. Un'interpretazione del genere potrebbe far credere che la morte sia un evento che s'incontra nel mondo, minaccioso nella sua imminenza. Un temporale può sovrastare come imminente; la riparazione d'una casa, l'arrivo d'un amico, possono essere imminenti; tutte cose, queste, che sono semplici presenze o utilizzabili o compresenze. Il sovrastare della morte non ha un essere di questo genere».[102]

In definitiva, la morte è un super-evento il cui pensiero ci permette di passare dalla vita inautentica (la vita della chiacchiera e della frivolezza e dell'inconsapevole leggerezza) alla vita autentica.

«La morte è una possibilità di essere che l'esserci stesso deve sempre assumersi da sé. Nella morte l'esserci sovrasta sé stesso nel suo poter-essere più proprio. In questa possibilità ne va per l'esserci puramente e semplicemente del suo essere-nel-mondo. La morte è per l'esserci la possibilità di non-poter-più-esserci. Poiché in questa possibilità l'esserci sovrasta sé stesso, esso viene completamente rimandato al proprio poter-essere più proprio. In questo sovrastare dell'esserci a sé stesso, dileguano tutti i rapporti con gli altri esserci. Questa possibilità assolutamente pro-

102 M. Heidegger, *Essere e tempo*, a cura di F. Volpi e P. Chiodi, Longanesi, Milano 2005, in particolare il primo capitolo della seconda sezione, paragrafi 46 ss.

pria e incondizionata è, nel contempo, l'estrema. Nella sua qualità di poter-essere, l'esserci non può superare la possibilità della morte. La morte è la possibilità della pura e semplice impossibilità dell'esserci. Così la morte si rivela come la possibilità più propria, incondizionata e insuperabile. Come tale è un'imminenza sovrastante specifica. [...] Questa possibilità più propria, incondizionata e insuperabile, l'esserci non se la crea accessoriamente e occasionalmente nel corso del suo essere. Se l'esserci esiste, è anche già gettato in questa possibilità. [...]. L'esser-gettato nella morte gli si rivela nel modo più originario e penetrante nella situazione emotiva dell'angoscia. Un'angoscia davanti alla morte è angoscia davanti al poter-essere più proprio, incondizionato e insuperabile.»[103]

A ben guardare, il maestro della foresta nera non è così ermetico: noi siamo l'esserci e siamo gettati nell'esistenza, il cui limite estremo è la morte che dà il senso all'esistenza stessa. La sua è una elaborazione filosofica del lutto, trasformato in angoscia esistenziale (e infatti di qui prenderanno spunto tutti gli sviluppi esistenzialistici del Novecento).

Heidegger era consapevole che la tecnica mette a rischio la vita autentica (il pensiero stesso della morte) ma mai avrebbe immaginato che proprio la tecnica avrebbe provato a togliere il tema della morte dal percorso esistenziale, offrendo un surrogato di immortalità. È quello che segnala Baudrillard solo pochi decenni dopo dalla scomparsa del filosofo tedesco.

«La morte in quanto evento fatale o simbolico deve esser cancellato; deve avere valore solo come realtà virtuale, come un'opinione o paradigma mutevole nel sistema opera-

103 M. Heidegger, *Essere e tempo*, *op. cit.*

tivo degli esseri viventi; un tempo funzione vitale potrebbe così diventare un lusso, un diversivo. I modelli prossimi di civilizzazione dai quali la morte sarà stata eliminata, i cloni del futuro potrebbero pagare per provare il lusso di morire e divenir di nuovo mortali attraverso la simulazione. Potrebbero fare l'esperienza della *cybermorte*».[104]

In realtà quella che vediamo oggi è la *cyber vita*, ma la sostanza non cambia: è la pretesa di essere immortali. Pretesa («piano arrogante») che per il sociologo francese determinerà l'involuzione della specie umana. «L'umanità sta mettendo fine alla selezione naturale per prendere la china di un corso artificiale il cui esito sarà un punto oltre il quale non saremo in grado di riconoscere né l'umano né l'inumano».

Le riflessioni heideggeriane sull'angoscia come caratteristica fondamentale dell'esserci umano rinviano alle penetranti meditazioni che già Kierkegaard aveva svolto in *Timore e tremore* e nella *Malattia mortale*:[105] «L'angoscia non dev'essere confusa con la paura davanti al decesso. Essa non è affatto una tonalità emotiva di "depressione", contingente, casuale, alla mercé dell'individuo; in quanto situazione emotiva fondamentale dell'esserci, essa costituisce l'apertura dell'esserci al suo esistere come esser-gettato per la propria fine. Si fa così chiaro il concetto esistenziale del morire come esser-gettato nel poter-essere più proprio, incondizionato e insuperabile, e si approfondisce la differenza rispetto al semplice scomparire, al puro cessare di vivere e all'esperienza vissuta del decesso. [...] Un'interpretazione pubblica dell'esserci dice: "Si muore"; ma poiché si allude

104 Cfr. J. Baudrillard, *L'illusione dell'immortalità*, *op. cit.*

105 Cfr. S. Kierkegaard, *Le grandi opere filosofiche e teologiche*, trad. di C. Fabro, Bompiani, Milano 2013.

sempre a ognuno degli Altri e a noi nella forma del Si anonimo, si sottintende: di volta in volta non sono io. Infatti, il Si è il nessuno».[106]

Ma se smettiamo di occuparci di filosofia e torniamo in noi stessi come singoli individui con le nostre paure e le nostre fragilità, l'angoscia di Heidegger assume la valenza di una sensazione di insopportabile sofferenza.

Se guardiamo al nostro inconscio: «la morte compare come agonia eterna, come una vita che non si estingue ma che comporta la penosa sensazione di essere morti. L'uomo al posto della propria morte si raffigura l'isolamento e la segregazione senza tempo. [...] Se nel corso della vita, si è realizzato un equilibrio precario basato sull'idealizzazione del proprio sé, quando arriva la vecchiaia, con l'inevitabile prospettiva della morte personale, si scatena l'odio per la vita che ci abbandona e si rafforza l'invidia per coloro che ci sopravviveranno».[107]

Con ciò si intende che una vita inautentica porta a una morte rancorosa e invidiosa e infatti: «Pensare alla propria morte consiste nel confronto ultimo con la realtà intima della nostra vita e con la sua autenticità in un momento in cui la verità non è ineludibile».[108]

Lo spiritismo ovvero la ricerca di un contatto con l'aldilà e con i defunti, è una strana commistione: da un lato le antiche superstizioni e la fede in una realtà ultraterrena, dall'altra positivismo scientista tardo ottocentesco che pretendeva di catturare anche il peso dell'anima e la sostanza ectoplasmatica. Ben prima di ogni metaverso, si credeva nell'esistenza di una dimensione parallela, virtuale si di-

106 M. Heidegger, *Essere e tempo*, *op. cit.*
107 Cfr. F. De Masi, *Oltre l'inconscio dinamico*, *op. cit.*
108 *Ivi.*

rebbe oggi, nella quale vigono leggi diverse da quelle fisiche e con le quali si può comunicare tramite un medium. Il medium oggi è tecnologico ma fino a qualche tempo fa era in carne e ossa.

A volte tornano: i fantasmi sono tra noi

In Italia, ad esempio, c'è ChatGrc di Casaleggio. Davide, figlio di Gianroberto, è stato uno dei primi in Italia a far rivivere il padre: «Abbiamo dato vita a ChatGrc, un portale aperto a tutti, basato su elementi di IA, attraverso cui è possibile chattare con Gianroberto Casaleggio. Abbiamo chiesto alla IA di leggere alcuni dei suoi libri e dei suoi pensieri e adesso è possibile avere una conversazione direttamente con lui. Certo, non è ancora perfetta ma la renderemo sempre più performante».[109]

Siamo a livello di semplice chat, ma in Cina, in Corea del Sud e negli Stati Uniti già esistono applicazioni di IA che permettono di far rivivere i morti anche in video oltre che in voce. Ma non finisce qui: in pochissimi anni sarà possibile conversare con la nostra nonna defunta seduta in poltrona: *Somnium Space* sta sviluppando un modo nel metaverso per parlare con una persona dopo la sua morte. È un sistema compatibile con i visori per una realtà virtuale e permette di vivere esperienze 3d immersive. In pratica si conservano momenti e conversazioni sottoforma di dati e li si inseriscono in un avatar che riproduce le movenze dell'originale e che probabilmente, come tutte le IA generative, sarà in grado di dire qualcosa che il defunto, in vita, non aveva mai detto.

109 "Nasce Chat Grc, l'intelligenza artificiale per parlare con Gianroberto Casaleggio. E stupirsi delle risposte", *La Repubblica*, 7 aprile 2023.

Per Artur Sychov, Ceo e fondatore di *Somnium Space*, la sfida dell'immortalità è vinta: «Se muoio e ho fatto raccogliere la più grande quantità di dati che mi riguardano, i miei figli possono accedere all'applicazione (dal nome eloquente di *Live forever*) e avere una conversazione con il mio avatar, che avrà la mia gestualità e la mia voce».[110] Sarà possibile «parlare con i morti» usando l'IA?

Si sta approntando la possibilità di utilizzare l'intelligenza artificiale per creare versioni postume di sé stessi. Questa la proposta di *Here After* IA, azienda con sede in California, Stati Uniti, che mira a permettere la comunicazione tra chi è morto e chi è vivo, attraverso la creazione di quella persona scomparsa in una versione completamente digitale.

La proposta iniziale di *Here After* è che ci sia un posto dove tutti i ricordi possano vivere per sempre. L'idea è venuta a James Vlahos, amministratore delegato dell'azienda, per il legame affettivo con suo padre, a cui è stato diagnosticato un cancro terminale ai polmoni nel 2016. Vlahos ha detto che questa esperienza non gli ha fatto sentire meno la mancanza di suo padre, ma gli è piaciuta la sensazione di sentire il padre – e aspetti della sua personalità – più presenti nella sua vita.

Secondo la descrizione dell'applicazione, l'obiettivo principale è cercare di rendere il «per sempre» più accessibile con l'uso di audio, immagini e video. Non esiste per ora l'abbraccio fisico, ma tutto il resto sì.

Here After ha una miriade di spunti per suscitare ricordi, consigli, barzellette, riflessioni e viaggi. L'applicazione consente inoltre all'utente di registrare, in audio, storie sulle proprie esperienze di vita.

110 Cfr. C. Crescenzi, «La promessa di immortalità nel metaverso», in *techprincess.it*, 14 aprile 2022.

Il tempo di morire

Ancora Heidegger. Nel 1927, quasi un secolo fa, scriveva queste parole che sembrano scritte oggi: «Questo movimento di diversione dalla morte coprendola domina a tal punto la quotidianità che, nell'essere-assieme, i parenti più prossimi vanno sovente ripetendo al morente che egli sfuggirà certamente alla morte e potrà far ritorno alla tranquilla quotidianità del mondo di cui si prendeva cura. Questo *aver cura* vuol così *consolare il morente*. Ci si preoccupa di riportarlo nell'esserci, aiutandolo a nascondersi la possibilità del suo essere più propria, incondizionata e insuperabile. Il Si si prende cura di una costante tranquillizzazione nei confronti della morte. In realtà ciò non vale solo per il "morente" ma altrettanto per i consolanti. [...] Il Si non ha il coraggio dell'angoscia davanti alla morte».

Mentre ci preoccupiamo di dove andranno *post mortem* i nostri organi e siamo assillati dal tema del testamento biologico, la nostra immagine, la nostra voce, i nostri pensieri, i nostri affetti, i nostri tic comportamentali, i nostri segreti più intimi, le nostre più inconfessabili debolezze non moriranno con noi. Restano nelle cronologie delle nostre navigazioni, restano nella profilazione delle nostre utenze internet, restano nei giacimenti di immagini e video che lasciamo dietro di noi. I nostri occhi hanno visto cose che non scompariranno nel nulla.

All those moments will be lost in time, like tears in rain. Time to die (E tutti quei momenti andranno perduti nel tempo, come lacrime nella pioggia. È tempo di morire). Non è più così. Il replicante di *Blade runner* può dormire sonni tranquilli. Noi no.

Conclusione

Se ci avete seguito fin qui, avete fatto un lungo esercizio spirituale che consiste anzitutto nella lettura. Una lettura che, pur partendo dai rischi e dalle opportunità che la grande rivoluzione tecnologica dell'IA ci offre, consiste in effetti in un ragionato tentativo di recupero della saggezza antica, greca e latina, pagana e cristiana, come deposito inesauribile di saggezza a cui attingere tutte le volte che ci sentiamo in crisi dal punto di vista spirituale.

Non si tratta di un mero esercizio storico, filologico o antiquario, bensì di un ritorno ai fondamenti della nostra identità spirituale collettiva per guardare avanti; del resto, in ogni momento di crisi, l'umanesimo, così come ogni rinascimento, ogni risorgimento, e in definitiva ogni palingenesi storica, consiste sempre in un fermarsi, guardare indietro, come per prendere la rincorsa, e poi andare avanti, in un salto più responsabile verso il futuro.

Nel merito, questo nostro esercizio spirituale di lettura ruota intorno a due nuclei fondamentali della nostra identità: la conoscenza di sé come fortificazione dell'Io e la relazione con l'Altro in un rapporto Io-Tu, autenticamente umano, declinato secondo molteplici punti di vista: genitorialità, amicizia, amore, gioco, scuola, medicina, per ricordare i più importanti.

Epilogo

Cercate di immaginare uno dei prossimi futuri possibili.

Quasi fosse la sceneggiatura della scena di un film distopico.

Il set è la Corte Federale Distrettuale di Manhattan, New York. Interno, giorno.

L'avvocato Steven A. Schwartz è un uomo sulla sessantina, alto e magro, giusto un po' di pancia che spinge sui bottoni della camicia bianca. Indossa un completo blu stazzonato e una cravatta regimental a strisce sottili bianche e azzurre. La luce al neon dell'aula 11-D del tribunale newyorkese brilla sulla pelata lucida di sudore. È l'avvocato di Roberto Mata, l'uomo che ha citato in giudizio la compagnia aerea Avianca per un incidente durante un volo da El Salvador a New York. Il passeggero chiede un risarcimento, sostenendo di essere stato ferito al ginocchio da un carrello di servizio in metallo, quello che gli assistenti di volo usano per servire i pasti. Ora però la causa civile finisce in secondo piano. Il legale di Mata da difensore viene catapultato sul banco degli imputati. Ha le spalle afflosciate e lo sguardo smarrito mentre il giudice Kevin Castle, capelli radi e grigi come i suoi occhi, lo sottopone a un implacabile interrogatorio.

Giudice Castel: (alzando un sopracciglio) «Avvocato Schwartz, sembrava così baldanzoso prima. Cosa ha da dire in sua difesa?»

Avvocato Schwartz: (con voce incerta) «Ero sinceramente convinto che quello strumento potesse fornirmi riferimenti affidabili, giudice. Non avevo idea che...».

Il giudice Castel, visibilmente irritato, gesticola con impazienza.

Giudice Castel: «Le rinfresco la memoria, avvocato: nella sua istanza lei cita come precedenti giuridici i casi Martinez vs Delta Air Lines, Zicherman vs Korean Air Lines, Varghese vs China Southern Airlines... Lei ha letto qualcuna di queste sentenze?»

Avvocato Schwartz: «Ehm... no».

Giudice Castel: «E sa perché non le ha lette? Perché non e-si-sto-no! Non esistono! Come ha potuto presentare a questa corte un'istanza legale senza verificare le fonti giuridiche? È la base del suo lavoro!»

Avvocato Schwartz: (stringendo i denti) «Sono stato ingannato, giudice. ChatGpt sembrava così convincente. Non pensavo fosse capace di mentire, di inventare casi totalmente inesistenti...»

Mentre Schwartz tenta goffamente di difendersi, la tensione tra il pubblico – una settantina di giornalisti, giuristi e studenti universitari – si fa palpabile.

Spettatore: (sussurrando) «Che disastro!»

Giudice Castel: (con voce dura) «Deve assumersi la responsabilità del suo lavoro, signor Schwartz. E le conseguenze saranno pesanti per lei. Non possiamo permettere che l'intelligenza artificiale guidi la giustizia senza controllo».

Avvocato Schwartz: «Ma l'IA viene utilizzata ormai quotidianamente in tribunale...».

Giudice Castel: (con tono accusatorio) «È proprio questo il problema, avvocato. Le rifaccio la domanda, perché sembra non aver capito il punto: i precedenti legali che mi ha sottoposto... sono reali?»

Avvocato Schwartz: (abbassando lo sguardo) «No, giudice. Ero convinto che lo fossero».

Giudice Castel: (alzando la voce) «Come ha potuto ignorare il suo dovere di verificare?»

Avvocato Schwartz: (balbettando) «Vorrei tanto averlo fatto. Ma… ma ChatGpt sembrava così… così affidabile. Mi avevano garantito che è un… è come un super motore di ricerca. E io speravo che…».

Giudice Castel: (interrompendo) «Speravo? Speravo non è un termine accettabile in tribunale, signor Schwartz. La giustizia non si basa sulla speranza. Siamo d'accordo che si tratta di un'assurdità legale? Il suo caso diventerà un monito per tutti».

Ciak, fine della scena.

In realtà, vi abbiamo ingannato anche noi.

Questa non è la sceneggiatura di un film distopico.

Non è una fiction.

Personaggi e fatti sono reali.

Quello che avete letto è accaduto davvero alla Corte Distrettuale di Manhattan nel giugno 2023.

Dopo lo scoppio del caso Schwartz, il docente di etica alla New York University School of Law Stephen Gillers ha dichiarato: «La pubblicità mondiale suscitata da questo episodio dovrebbe servire da monito. Paradossalmente, questo evento ha un risvolto positivo involontario sotto forma di deterrenza».

In realtà, vi abbiamo ingannato due volte.

La falsa-vera sceneggiatura che abbiamo pubblicato è stata scritta dall'intelligenza artificiale, basandosi sull'articolo del *New York Times* pubblicato l'8 giugno 2023 a pag. 5.

Però la versione di ChatGpt, pur tratta unicamente dalla cronaca dei fatti, risultava manipolata e in buone parti totalmente inventata.

Siamo dovuti intervenire accuratamente sul testo, verificando nuovamente tutte le informazioni disponibili.

Perché alla fine – e questa lo è, una fine, almeno per ora – il dilemma resta sempre quello che dà il titolo al libro: umano, poco umano?

Ringraziamenti

Vogliamo ringraziare tutti coloro che hanno contribuito alla realizzazione di questo libro. Innanzitutto, Matteo Cotellessa, per la paziente opera di assistenza editoriale.

Ringraziamo poi, per i preziosi contributi informativi, Matteo Flora, Martina Maltagliati, Lorenza Mazzotti, Leonardo Panetta, Maria Luisa Rossi Hawkins e Angelo Santoro.

Infine, grazie a Paolo Colizzi, Mario Giordano e Federico Leonardi per i suggerimenti e i consigli.

Indice

Finito di stampare presso Grafica Veneta S.p.A.
Via Malcanton, 2 – Trebaseleghe (PD)
Printed in Italy

PEFC
PEFC/18-31-226

Certificato PEFC
Questo prodotto è realizzato con materia prima da foreste gestite in maniera sostenibile e da fonti controllate
www.pefc.it

GRAFICA VENETA
GV CARBON NEUTRAL

Questo libro è fabbricato da Grafica Veneta S.p.A.
con un processo di stampa e rilegatura certificato 100% carbon neutral
in accordo con PAS 2060 BSI